Leben und Schicksal des Verlegers Gottfried Bermann Fischer sind in jeder Hinsicht exemplarisch; sein Blick zurück umspannt fast hundert Jahre deutscher Geschichte. Abgeklärt und leidenschaftlich zugleich erzählt er in Geschichten, Anekdoten und Reflexionen von der geborgenen Kindheit in einer bürgerlichen, jüdischen Familie, von den Schrecken in den Schützengräben des Ersten Weltkriegs, von nationalistischen und antisemitischen Exzessen in der Zeit der Weimarer Republik, als er, der Schwiegersohn S. Fischers, in den berühmten Verlag eintrat, von Exil, Flucht und wiederholtem Neubeginn, vom Festhalten an den moralischen und literarischen Idealen einer zäh verteidigten Humanität. Ein abenteuerliches, reiches Leben mit Büchern und Autoren wird noch einmal beschworen – zu Freude und Gewinn der nachgewachsenen Generationen von Bücherliebhabern.

Gottfried Bermann Fischer, geboren 1897 im oberschlesischen Gleiwitz, nahm nach Absolvierung des humanistischen Gymnasiums als Kriegsfreiwilliger und später als Offizier am Ersten Weltkrieg teil, studierte danach Medizin an den Universitäten Breslau, Freiburg und München, war chirurgischer Assistent im Krankenhaus am Friedrichshain, Berlin, und trat im Jahr 1925 nach der Heirat mit Brigitte Fischer in den S. Fischer Verlag ein, dessen Leitung er im Jahr 1932 übernahm. 1936 emigrierte er mit dem in Deutschland verfemten Teil des Verlags nach Wien, von wo er sich zwei Jahre später mit knapper Not unter Zurücklassung seines Besitzes nach Stockholm retten konnte. 1942 wanderte er mit seiner Familie nach USA aus und leitete von dort aus den Stockholmer Verlag weiter. 1947 führte er den Emigrationsverlag mit dem in Deutschland verbliebenen Teil wieder zusammen. Jetzt lebt er, ein unerschütterlicher Charakter in den Stürmen der Zeit, auf seinem Alterssitz in der Toscana.
1967 erschien von Gottfried Bermann Fischer *Bedroht – Bewahrt. Der Weg eines Verlegers* (Fischer Taschenbuch Bd. 1169).

GBF als Assistenzarzt der Chirurgie Berlin 1924

Gottfried Bermann Fischer
Wanderer
durch ein Jahrhundert

Fischer Taschenbuch Verlag

Das Bild auf dem Umschlag zeigt
Gottfried Bermann Fischer, Oktober 1992
Foto: Stefano Baroni, Lido di Camaiore

Originalausgabe
Veröffentlicht im Fischer Taschenbuch Verlag GmbH,
Frankfurt am Main, Mai 1994

© S. Fischer Verlag GmbH, Frankfurt am Main 1994
Umschlaggestaltung: Buchholz / Hinsch / Hensinger
Satz: Fotosatz Otto Gutfreund GmbH, Darmstadt
Druck und Bindung: Clausen & Bosse, Leck
Printed in Germany
ISBN 3-596-12176-0

Gedruckt auf chlor- und säurefreiem Papier

Wohl kamst Du durch,
So ging es allenfalls,
Machs einer nach
Und breche nicht den Hals.
                    Goethe
                    Zahme Xenien

Die in den Text eingestreuten ovalen Vignetten
stellen *Ein Dichterleben* von Karl Walser dar

Inhalt

Einleitung

Ich erzähle in diesem Buch Geschichten aus meinem langen Leben, die im persönlichen Erlebnis eines Zeitgenossen die Erschütterungen und Veränderungen unserer Welt in diesem Jahrhundert widerspiegeln sollen.

Mein kleines persönliches Schicksal möchte die kaum faßbaren Umbrüche scheinbar festgefügter Ordnungen wie in einem Verkleinerungsspiegel sichtbar werden lassen. Die Darstellung meines oft von Glück begünstigten abenteuerreichen Lebens soll zugleich das Unheil, das dieses Jahrhundert über Millionen von Menschen brachte, in Erinnerung rufen. Es ist die Geschichte vom Kind einer bescheidenen Bürgerfamilie zu Beginn des Jahrhunderts, das Soldat wurde, Chirurg, Verleger und Freund großer deutscher und vieler berühmter ausländischer Autoren, ein Verfolgter und Verstrickter und schließlich ein Weltbürger, der aus der Ruhe seines hohen Alters auf die Turbulenzen der Zeit zurückblickt.

Dieses Buch will die 1967 erschienene Autobiographie *Bedroht – Bewahrt. Der Weg eines Verlegers* ergänzen und fortsetzen, die sich auf die Darstellung meiner Tätigkeit als Verleger konzentriert hat. Daß einige Ereignisse, die dort geschildert sind, in diesem Buch noch einmal behandelt werden, erklärt sich aus ihrem Zusammenhang mit meinem Lebens- und Berufsweg.

Wilhelm II. mit seinen Söhnen auf dem Weg vom Berliner Schloß
zum Zeughaus, am 27. 1. 1913 (Ullstein Bilderdienst, Berlin)

Jugendjahre

»Heil dir im Siegerkranz,
Herrscher des Vaterlands!
Heil, Kaiser, dir!
Fühl in des Thrones Glanz
die hohe Wonne ganz,
Liebling des Volks zu sein!
Heil, Kaiser, dir!«

Unsere Herzen schlugen hoch. Für Kaiser Wilhelm II. und sein Reich zu leben und zu sterben, schien uns ein goldenes Ziel. Unsere Jugend stand im Zeichen von Macht und Größe Deutschlands, unsere Leitbilder waren jene Idealfiguren im fernen Berlin, die hehren Gestalten der Krone mit den wehenden weißen Federn auf ihren Helmen, die Minister und Generäle, bis hinab zum Herrn Oberlehrer des königlich-humanistischen Gymnasiums in Gleiwitz, meiner Geburtsstadt, für den das höchste Ziel seines Lebens der Leutnant der Reserve war.

Meine erste bewußte Erinnerung – ich muß wohl drei Jahre alt gewesen sein, man schrieb das Jahr 1900 – ist mir unvergeßlich: Meine Mutter trug mich auf ihrem Arm zu einem an der Wand des ärztlichen Ordinationszimmers meines Vaters befestigten Kasten, drehte an einer Kurbel und hielt mir irgend etwas an mein Ohr. Eine Stimme erklang, die mir einen furchtbaren Schreck einjagte, denn es war die Stimme meines Vaters, den ich nirgendwo sehen konnte.

Dieser Schrecken im ersten Jahr unseres so ereignisreichen und schreckerfüllten zwanzigsten Jahrhunderts blieb mir im Gedächtnis. Dann folgt eine große Erinnerungslücke, ausgefüllt höchstens von ganz unwesentlichen Dingen wie einem Spaziergang an der Hand meiner Mutter oder einer Schaukel im Türrahmen des Kinderzimmers, bis ein überwältigendes Ereignis sich mir tief einprägte – das erste Flugzeug in meinem Leben.

Es muß im Jahr 1906 oder 1907 gewesen sein, daß ein französischer Flieger namens Henri Farman mit seinem Doppeldecker in Gleiwitz auf einem einige hundert Meter langen Feld seine Flugkünste demonstrierte. Eine große Menschenmenge wartete am Rande des ›Flugfeldes‹, auf dem das Ungetüm stand. Farman drehte den Propeller an, sprang auf seinen Sitz zwischen den Tragflächen, und das Flugzeug erhob sich nach kurzem Anlauf bis auf eine Höhe von ungefähr 25 m, um nach einer Strecke von vielleicht 400 m umzudrehen und wieder an seinen Startplatz zurückzufliegen. Es war ein großes Erlebnis für uns Zuschauer, die nicht aufhörten zu jubeln. Louis Blériot, der berühmte Franzose, überquerte zum ersten Mal mit einem Flugzeug ähnlichen Typs im Jahre 1909 den Ärmelkanal.

Was uns Kinder aber vielleicht noch mehr bewegte, war das Wanderkino. Es erinnerte an einen kleinen Zirkus, man schlug ein Zelt auf, in dem einige Holzbänke aufgestellt waren, vor ihnen eine aufgespannte Leinwand, auf der sich phantasievolle Szenen aller Art abspielten, oft in rasendem Tempo oder viel langsamer als im Leben – es waren jedenfalls noch nie gesehene, sich bewegende Photographien, die jemand auf einem vor der Leinwand stehenden Klavier begleitete. Mit lauter Stimme und einem Zeigestock erklärte ein Mann die stummen Vorgänge. Es war hinreißend – für zwanzig Pfennige Eintritt.

Wir waren rechte Lausbuben, die unseren Müttern manchen Kummer bereiteten. Pünktlich nach der Schule zum gemeinsamen Mittagsmahl zu Hause zu sein, war weniger wichtig, als im Neptunbrunnen auf dem schönen Marktplatz, dem ›Ring‹, Kaulquappen zu fangen. Jemand muß mich bei meinen Eskapaden verraten haben. Mein Verdacht fiel auf einen mit den Eltern befreundeten Nachbarn, der gewöhnlich wie eine Spinne im Netz an seinem Parterrefenster saß und meinen Weg von der Schule aus zu den Kaulquappen überwachte. Ich beschloß, mich beim Vorübergehen dadurch unkenntlich zu machen, daß ich meine Backen aufblies. Leider hatte diese genial ausgedachte Maskerade des siebenjährigen ›Schauspieldebütanten‹ keinen Erfolg. Bei meinem verspäteten Eintreffen war ich längst gemeldet und wurde mit der für solche Eskapaden üblichen Ohrfeige empfangen.

Die blieb auch nicht aus bei meinen etwas gefährlicheren Unternehmungen im Winter. Durch Gleiwitz floß die Klodnitz, deren Nebenarm am Rande der Stadt bei großer Kälte gewöhnlich von einer dünnen Eisschicht und Eisschollen bedeckt war. Diese schwankende Fläche über dem recht tiefen Flußarm im Laufschritt von Ufer zu Ufer zu überqueren, war ein beliebter Sport, ›Bigos‹ genannt. Eines Tages brach ich auf der gegenüberliegenden Seite ein, rettete mich ans Ufer und schlich mich klatschnaß heimlich ins Haus, wo ich mich rasch auf der Toilette der nassen Kleider entledigte und trockene Sachen anzog. Als ich unschuldsvoll an meinem Schreibtisch saß, drehte mich meine Mutter auf meinem Stuhl herum und zog mich an den Ohren an das bewußte ›Örtchen‹, wo ich vergessen hatte, die verräterischen nassen Kleider beiseite zu schaffen.

Ein besonderes Vergnügen bereitete es mir, das ›Kränzchen‹ meiner älteren Schwester, die in ihrem Zimmer ihre Freundinnen bei Kaffee und Kuchen versammelte, durch eine Wasserladung zu stören, die ich mit Hilfe der großen Ohrenspritze meines Vaters durch das Schlüsselloch auf die zwitschernden Backfische spritzte, um dann schnellstens dem allgemeinen Aufruhr zu entfliehen.

Es war der Kummer meiner Mutter, daß es in den ersten Volksschulklassen schlecht um mich stand. Der Herr Lehrer Kusper hatte mir wegen meiner mangelhaften Leistungen im Rechnen eine aussichtslose Zukunft prophezeit.

Daß ich mich fortgesetzt weigerte, gewisse köstliche, von meiner Mutter und ihrer Köchin zubereitete Speisen zu essen, war ein weiterer Stein des Anstoßes. Sooft es das gute Rindfleisch gab oder gar Königsberger Klopse, in dicker Sahnesauce servierte Fleischkugeln, verweigerte ich die Nahrungsaufnahme und erpreßte mit diesem Hungerstreik zehn Pfennige, um bei dem nahe gelegenen Fleisch- und Wurstwarengeschäft ein Paar Wiener Würstchen zu erstehen.

Schön waren die häufigen Ausflüge nach Laband, einem kleinen Ort in der Nähe von Gleiwitz, mit der Bummelbahn in einer halben Stunde erreichbar. Dort war ein kleiner See – eher ein großer Teich – mit ein paar Umkleidekabinen und einem Dreimetersprungbrett, das wir eifrig benutzten. Ich liebte es besonders, dort zu angeln, obwohl ich höchstens ein paar winzige Fischlein fing. Mit meinen neun Jahren fand ich die Ergebnisse meiner Bemühungen schon recht befriedigend.

Leider fanden diese schönen Tage am See ein furchtbares Ende, das mich zum ersten Mal mit dem Tod – dem Tod eines Freundes – in Berührung brachte. Er war in meinem Alter, etwa neun Jahre alt, ein lustiger Bursche, der es liebte, sich von dem hohen Sprungbrett ins Wasser fallen zu lassen. An

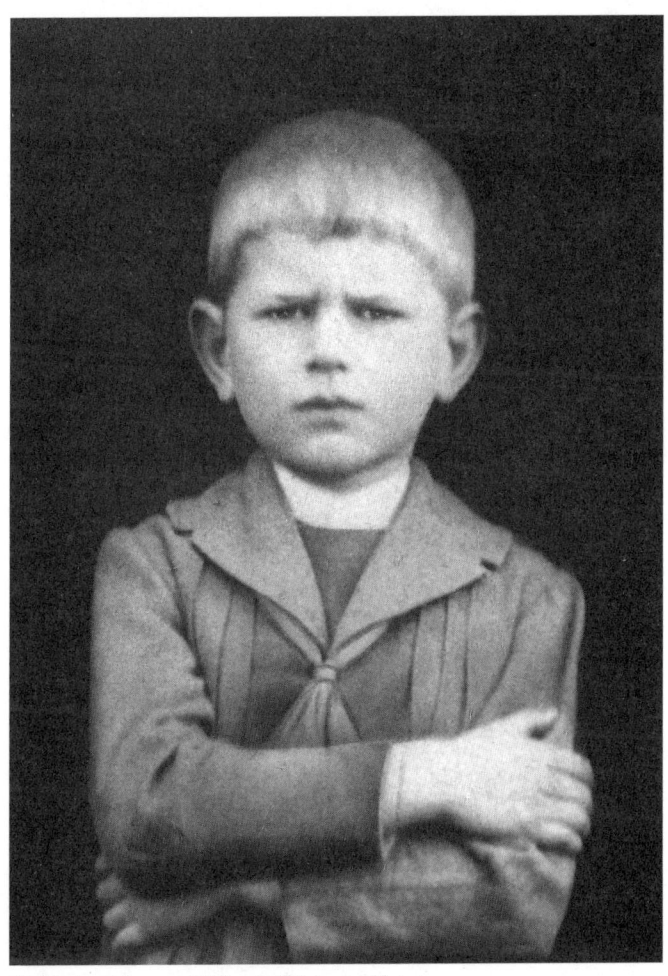

GBF mit 7 Jahren, 2. Volksschulklasse in Gleiwitz, 1904

GBF mit 11 Jahren, 1908

einem Sommernachmittag zeigten sich einige dunkle Wolken am Himmel, mein Freund stand zum Anlauf bereit, als plötzlich ein Blitz auf ihn herniederfuhr, begleitet von einem furchterregenden Donnerschlag, und ihn von der Höhe hinunterschleuderte, direkt vor meine Füße. Der Schock warf mich zu Boden, ohne daß ich verletzt wurde. Mein Freund lag tot vor mir. Kein Blitz und Donner mehr, gerade so, als hätte ein Donnergott den unschuldigen kleinen Burschen zum Tode auserkoren.

Die Besuche bei meinem Großvater, Simon Leschnitzer, dem Vater meiner Mutter, waren ein besonderes Erlebnis. Er besaß in Tarnowitz, nicht allzuweit von Gleiwitz entfernt, eine Sägemühle mit einem riesigen Holzplatz, wo Hölzer aller Art und Größe für mich unerreichbar hoch gestapelt waren. Das aufregendste aber war die kleine Lokomotive, auf der ich mich als Lokomotivführer fühlen konnte. Sie zog eine lange Wagenkette, mit Hölzern beladen, zur nahe liegenden Eisenbahnstation. Mein Großvater belieferte den Fürsten Henckel Donnersmarck, den gewaltigen Kohlengrubenbesitzer in Oberschlesien, mit Holz.

Großvater, ein mächtiger Mann mit einem blonden Schnauzbart, war ein Pferdeliebhaber und besuchte uns oft in seinem Jagdwagen, gezogen von zwei Rappen. Diese Rappen inspirierten viele Jahrzehnte später E. R. Weiß, den bekannten Graphiker, zum Signet meines Wiener Exilverlages.

Wenn ich heute, 1994, in meinem 97. Lebensjahr, auf meine frühe Jugend am Anfang des Jahrhunderts zurückblicke, sehe ich eine Welt des Friedens, der Ruhe, der Sorglosigkeit und Bescheidenheit. Gewiß, im fernen Berlin gab es politische Umtriebe der machtgierigen kaiserlichen Cliquen, die von imperialer Herrschaft träumten. Sie blieben nicht ohne welterschütternde Folgen. Wir wußten nichts oder nur wenig davon und kümmerten uns nicht um Politik. Deutschland war für uns ein Ort friedlichen Zusammenlebens, Landschaften, in denen wir auf langen Wanderungen die berühmten uralten Städte besuchten, auf einsamen Wegen durch Gebirge und Wälder zogen und in den Schulen vieles über die Antike und wenig über die uns umgebende Welt lernten.

Wir, die Fünfzehn- und Sechzehnjährigen, die in den Jahren 1912 und 1913 in der kleinen oberschlesischen Provinzstadt lebten, dicht an der sogenannten Dreikaiserecke: Deutschland, Österreich, Rußland, waren auf das kleine Provinzblatt ›Der Wanderer‹ angewiesen, das sich mehr für die Vorgänge im Städtchen interessierte als für die Neuigkeiten aus den Metropolen. Ich kann mich nicht erinnern, in jenen Jahren je das ›Berliner Tageblatt‹ oder eine andere der Berliner Zeitungen gelesen zu haben. Es gab eine kleine Gruppe von fünfzehnjährigen Schülern des königlich-humanistischen Gymnasiums, die etwas von jener anderen Welt zu ahnen begannen, von der der ›Lehrkörper‹ unserer Schule uns abzuschirmen versuchte. Daß uns dabei ein gefährlicher Nationalismus, eine höchst einseitige Geschichtsbetrachtung, eine durchaus unobjektive Charakterisierung und Wertung politischer und gesellschaftlicher Zustände eingeimpft wurde, bemerkten wir nicht.

Das Gymnasium war streng katholisch, mit einer kleinen

Kapelle, in der eine Morgenandacht für die katholischen Schüler abgehalten wurde. Für die zahlreichen jüdischen Schüler fiel am Sonnabend der Unterricht aus; für sie interpretierte der Herr Rabbiner das Alte Testament in einer Stunde, die ich gewöhnlich schwänzte. Meine engeren Freunde versammelten sich mehrmals in der Woche in meiner Bude, wo wir, dicke Zigarren rauchend, uns mit den Hausaufgaben beschäftigten oder allerlei Unfug trieben.

Im Gymnasium herrschte ein strenges Regime. Das schien dem Herrn Direktor und den meisten Lehrern die notwendige Grundlage der Erziehung zum gehorsamen Staatsbürger. Die Lehrer, die Jahr für Jahr einer uninteressierten Schülerschaft das immer gleiche Pensum vorkauten, wirkten wie Karikaturen. Ein Vertrauensverhältnis zwischen Lehrer und Schüler existierte, mit einer einzigen Ausnahme, nicht. So kam es zu heute geradezu grotesk wirkenden Vorfällen. Eines Tages rief der Direktor sämtliche Schüler von der Sexta bis zur Oberprima in der Aula zusammen. Auf dem Podium saßen das gesamte Lehrerkollegium und vor ihm zwei unglückliche, wie zum Tode verurteilt ausschauende Oberprimaner. Als Ruhe in der aufgeregten Menge der Schüler eingetreten war, erhob sich der Herr Direktor und hielt eine wutschnaubende Rede gegen die um sich greifende, alle Ordnung zerstörende Sportleidenschaft, die die Schulordnung untergrabe und die Konzentration auf den Lehrstoff verhindere. Ausdrücklich habe er den Beitritt der Schüler zu Fußballklubs, die damals populär zu werden begannen, verboten. Die beiden Oberprimaner jedoch verstießen gegen diese Anordnung, gäben sich fast täglich den völlig sinnlosen Übungen hin, einen Ball mit den Füßen vor sich herzustoßen; ja, sie nähmen sogar an den Kämpfen gegen andere Klubs teil. Im Interesse der Schuldisziplin und zur Abschreckung hätte er beschlossen, ein Exempel zu statuieren und die beiden von der Schule zu verweisen.

Eines Tages stand ich vor dem Schaufenster der einzigen Buchhandlung von Gleiwitz – ich erinnere mich sogar noch an den Namen ihres Inhabers, des Herrn Schirdewan – und sah ein graues Heft, das mit seiner schönen Umschlagseite meine Neugierde erregte. Ich hatte gerade genug Geld in meiner Tasche: Zwei Mark und fünfzig, die mir Mut machten, den Laden zu betreten und den erstaunten Herrn Schirdewan nach diesem Heft der Monatsschrift ›Die neue Rundschau‹ zu fragen. Er meinte zwar, es sei eigentlich nichts Rechtes für meine jungen Jahre, aber er verkaufte es mir mit einem etwas skeptischen Lächeln – und so begann, ohne daß ich es damals ahnen konnte, eine geistige Verbindung, die mein ganzes ferneres Leben bestimmte.

Ich hatte das Januarheft des Jahres 1914 in Händen, dessen Inhalt ich nur zum Teil verstand und von dessen Autoren ich kaum je gehört hatte: eine Ode von Richard Dehmel, Gerhart Hauptmanns Drama *Der Bogen des Odysseus*, ein Text von Alfred Kerr, mit römischen Zahlen unterteilt, ein Aufsatz von Veit Valentin *Die Monroedoktrin*, der mich zum ersten Mal in meinem Leben mit Problemen der Vereinigten Staaten von Amerika in Berührung brachte. Das Heft eröffnete mir einen Einblick in die mir bislang fremde Welt der modernen Literatur, die geistigen und politischen Bewegungen der Zeit nahmen Gestalt an. Ich besuchte Herrn Schirdewan häufiger und bewunderte nicht zuletzt die schönen Bücher des S. Fischer Verlags. Zum Kauf reichte mein Geldbeutel nicht; Herr Schirdewan überließ mir aber manches Exemplar leihweise zur Lektüre. Welches Erlebnis war es dann, die *Buddenbrooks* lesen zu können und so manches andere aus dem Zaubergarten deutscher Literatur. »Sie sollten lieber Gustav

Freytag oder Felix Dahn lesen, anstatt diesen gefährlichen sozialrevolutionären Gerhart Hauptmann, dessen Stücke aufzuführen unser Kaiser verboten hat.« Das war der Ratschlag unseres Deutschlehrers, als ich einmal *Die Weber* erwähnte.

Als ich an einem Sonntagvormittag im Juni 1914 mit meinen Eltern im nahen Wäldchen spazierenging, kam mein älterer Bruder ganz aufgeregt herbeigelaufen: Extrablätter verbreiteten die Nachricht, daß Erzherzog Ferdinand von Österreich in Sarajewo von einem Studenten erschossen worden sei. Daß dieses Attentat im fernen Serbien den Umsturz unserer friedlichen Welt auslösen würde, entzog sich damals gnädig unserer Erkenntnis.

Ahnungslos machten wir, ein paar Freunde und ich, uns auf zu einer Fußtour durch das schöne Riesengebirge. Wir schliefen in den Scheunen der Bauern, die uns freundlich aufnahmen und uns mit Eiern, Milch und Käse versorgten. Zwar hatten wir nicht Goethes *Faust* im Tornister – wie es später von den Kriegsfreiwilligen hieß –, aber wir philosophierten über unsere Zukunft.

Im schönsten Teil dieses Mittelgebirges mit seinen dichten Wäldern, durchrauscht von kleinen Flüssen und Bächen, lag ein kleiner Kurort mit dem merkwürdigen Namen Ziegenhals, den meine Eltern jedes Jahr für einige Ferienwochen aufsuchten. Die tausend Meter hohe Schneekoppe unweit davon erschien uns als ein gewaltiger Berg.

Beglückt von unseren Reiseerlebnissen kehrten wir schließlich heim – ich sage, wir kehrten heim –, aber uns erwartete eine bereits verwandelte Welt. Was uns bei Antritt unserer Ferienreise nicht bekümmert hatte, dieser tödliche Schuß von einem von serbischen Nationalisten aufgehetzten Studenten – was ging uns Erzherzog Ferdinand von Österreich an oder Serbien, dessen Existenz und geographische Lage, zu schweigen von seinen politischen Problemen, uns unbekannt waren? –, löste eine Katastrophe aus, die die europäische und außereuropäische Welt bis in ihre Grundlagen erschütterte; sie ist bis zum heutigen Tag nicht zur Ruhe gekommen.

Der Schwan

Gleiwitz, eine friedliche Stadt

Die Sozialstruktur dieser Industriestadt mit ihren 60000 Einwohnern glich Dutzenden von anderen Städten Oberschlesiens, dieses so oft umkämpften Grenzlandes. Wenn man ihre architektonische Physiognomie kennzeichnen will, so muß man sagen, daß es eine ausgesprochen häßliche Stadt war. Es gab ein Stadtparlament, das von einem demokratischen Oberbürgermeister geleitet wurde. Mein Vater, der nach Beendigung seines medizinischen Studiums in München als Wundarzt und Geburtshelfer, wie die praktischen Ärzte damals genannt wurden, tätig war, gehörte ihm als Stadtverordneter an; er war zudem zweiter Vorsitzender der ziemlich großen jüdischen Gemeinde, deren erster Vorsitzender, ein hoher Justizbeamter, wiederum eine leitende Position im Gleiwitzer Stadtrat einnahm.

Eine wichtige Rolle im Leben der Stadt spielten die Direktoren der verschiedenen Großindustrien, die ihren Verwaltungssitz in Gleiwitz hatten, während die Fabriken, wie die Oberschlesische Eisenindustrie, die Nägel und Draht produzierte, oder die Huldschinsky-Werke, die nahtlose Röhren herstellten, am Rande der Stadt lagen. Sie hatten sich, angezogen durch die großen Kohlevorhaben, finanziert von westdeutschen Banken, hier angesiedelt. Die Leiter und höheren Angestellten dieser Firmen bildeten eine etwas exklusive Bevölkerungsgruppe, die als einzige einen gewissen Antisemitismus dadurch erkennen ließ, daß sie keine Juden in ihren Klub aufnahm. Davon abgesehen bestanden keine Unterschiede im Verkehr zwischen Juden und Christen. Die Mehrzahl der Bevölkerung gehörte der katholischen Kirche an. Aus dem Eckfenster unseres Speisezimmers sah ich die Ende des 15. Jahrhunderts erbaute spätgotische Pfarrkirche, die noch die Narben des Dreißigjährigen Krieges trug und deren kühles Innere ich manchmal mit Ehrfurcht betrat.

Die prunkvolle Fronleichnamsprozession, mit dem Erzbischof unter dem Baldachin langsam dahinschreitend, begleitet von den mit weißen Spitzenhemden über ihren roten Röcken bekleideten, Weihrauchgefäße schwingenden Chorknaben, zog unter dem Balkon unseres Salon genannten Staatszimmers vorbei – ein sich jährlich wiederholendes Ereignis in unserem sonst so ereignislosen Leben.

Das Wichtigste in meinem damaligen Dasein war die Freundschaft mit einem gleichgesinnten Schulkameraden, der sich wie ich für moderne Literatur begeisterte und mit seinem immer reichlich gefüllten Geldbeutel – er war der Sohn des Generaldirektors der Oberschlesischen Eisenindustrie – bei Herrn Schirdewan kaufen konnte, was unser Herz begehrte. Er machte mich auch mit den großen Philosophen bekannt – mit Schopenhauer, Kant und Nietzsche –, die für einen Schüler des Gymnasiums als durchaus unzuträglich erachtet wurden. Unsere langjährige Freundschaft übertrug sich später auch auf seinen Vater, der mich noch viele Jahre nach dem frühen Tod meines Freundes bei jedem seiner zahlreichen Besuche in Berlin aufsuchte und mich wie einen Sohn behandelte. Er gehörte zu jenen aufrechten Deutschen, denen der in den zwanziger Jahren aufkommende Antisemitismus in den Kreisen der Großindustrie ein Horror war.

Die Akademiker, die Anwälte, Richter, Ärzte, Apotheker in Gleiwitz rekrutierten sich zu einem hohen Prozentsatz aus dem jüdischen Bürgertum. Sie wurden unterschiedslos von

Geburtshaus in Gleiwitz, etwa 1905.
Die Wohnung liegt im 1. Stock, mit Balkon,
über dem Laden »Leo Scheithauer«

allen Kreisen der Bevölkerung in Anspruch genommen, wenn es notwendig war. Die Älteren zeichnete der Staat durch Titel aus: So war mein Vater Sanitätsrat, unser Hausnachbar, ein gesuchter Anwalt, Justizrat. Eine wohlhabende Kaufmannschaft zeigte in ihren Läden zwar keine Luxuswaren, aber doch alles, was zum täglichen Leben gehörte und den bescheidenen Ansprüchen der bürgerlichen Gesellschaft genügte.

Ein Teil der einen Kilometer langen Hauptstraße, der Wilhelmstraße, vom ›Ring‹, in dessen Mitte sich das Rathaus und der schöne Neptunbrunnen befanden, bis zum Bahnhof führend, war das nachmittägliche Flaniergebiet für die Schüler des Gymnasiums und der Realschule und der Schülerinnen der höheren Töchterschule, die, gewöhnlich Arm in Arm umherwandelnd, die begehrlichen Blicke der jungen Männer ignorierten. Punkt fünf Uhr erschien der Direktor des Gymnasiums, ein älterer Herr mit roter Nase, zum täglichen Besuch eines in dieser Straße gelegenen Bierrestaurants. Sobald er auftauchte, verschwanden seine Schüler blitzartig von der Bildfläche, denn das Flanieren war verboten.

Seinen besonderen Akzent gaben dieser Promenade die Offiziere des in Gleiwitz stationierten Militärs. Es waren das Infanterieregiment Nr. 22 und das Ulanenregiment Nr. 2, dessen Offiziere zumeist dem Adel angehörten und die eine die Damen betörende Eleganz zur Schau trugen, mit der die weit ärmeren Infanterieoffiziere nicht konkurrieren konnten.

Sensation machte der Besitzer einer neugegründeten, ganz modern eingerichteten Apotheke. Wenn er, die Soubrette des kleinen Gleiwitzer Theaters am Arm führend, mit langen, engen Hosen, auf Taille geschnittenem Leibrock und mit überhohem, fast bis an die Ohren reichendem weißen Kragen, um den eine bunte Krawatte geschlungen war, durch die staunende Menge schritt, nahm der Klatsch der ehrenwerten Bürger kein Ende.

Das Theater, das sich schlecht und recht mit der Aufführung von Operetten über Wasser hielt, habe ich nur einmal in Begleitung meiner Mutter betreten. Anlaß war ein Konzert des damals noch wenig bekannten jungen Geigers Bronislaw Huberman. Er spielte Violinsonaten von Mozart und Beethoven, und ich war von seinem Spiel und seiner dämonischen Persönlichkeit so fasziniert, daß ich meine Mutter bat, mir Geigenunterricht erteilen zu lassen. Mein Wunsch wurde erfüllt, und so zog ich zweimal in der Woche mit meiner kleinen Geige zu Fräulein Grete Kohn, der Geigenlehrerin des Ortes, so daß ich schließlich nicht allzu schwierige Violinsonaten zur Klavierbegleitung meiner Schwester spielen konnte. Diese musikalischen Bemühungen wären ohne weitere Folgen für mein späteres Leben geblieben, hätte ich nicht bei Fräulein Kohn den etwa vier Jahre älteren Mitschüler Hans Eisner kennengelernt, dessen Eltern im selben Haus wie Fräulein Kohn wohnten. Welche Folgen diese freundschaftlichen Begegnungen auf der Treppe oder dem Hausflur für mein späteres Leben haben würden, wird sich später zeigen.

In meinem kurzen Überblick über das bürgerliche Leben unserer Stadt fehlt einer der wichtigsten gesellschaftlichen Bestandteile: die große Masse des Proletariats, dessen Angehörige zumeist ein gebrochenes, polnisch gefärbtes Deutsch sprachen. Es waren die Arbeiter der Fabriken und die Grubenleute, die etwas außerhalb der Stadt in recht kümmerlichen Verhältnissen lebten. Ich lernte sie recht gut kennen, diese Menschen in ihren schäbigen Wohnungen, denn

mein Vater betreute sie in allen ihren gesundheitlichen Nö-
ten von der Geburt bis zum Grabe, nicht zu vergessen die Behandlung der zerschlagenen Köpfe der Betrunkenen, die ihr
Elend im Alkohol zu vergessen suchten. Am Zahltag, wenn
die Arbeiter ihren schmalen Lohn nach Hause tragen sollten,
führte sie ihr Weg zunächst in eine der zahlreichen Kneipen,
in denen der gemeinste Kartoffelschnaps mit hohem Alkoholgehalt ausgeschenkt wurde. Dann stand die Nachtglocke,
die sich am Arztschild meines Vaters neben dem Hausein-
gang befand, nicht still. Mein Vater hatte alle Hände voll zu
tun, um die blutigen Köpfe zu verbinden. Für eine geregelte
soziale Hilfe, für die Betreuung der Alten und der Invaliden
trugen weder die Stadt noch die katholische Kirche, der diese Menschen angehörten, Sorge.

Primitive Medizin

Eine immer wiederkehrende Erfahrung meines Vaters führt recht deutlich vor Augen, wie scheinbar unwichtige oder sogar ganz widersprüchliche Ereignisse sich der Erkenntnis ihrer großen Bedeutung entziehen. »Da hat doch diese Frau wieder ihrem Mann auf seine Schnittwunde, die er sich mit der Sichel am Bein beigebracht hat, schimmligen Käse geschmiert...!« Es dauerte mehr als zwanzig Jahre, bis man erkannte, wie recht die einfache Bäuerin mit ihrer Wundbehandlung hatte, die wahrscheinlich schon seit Generationen in diesen Dörfern angewandt wurde. Erst 1928 entdeckte Alexander Fleming, der englische Bakteriologe, die bakterizide Eigenschaft des Penicillins im Schimmelpilz, was dann Tausenden von Verwundeten auf der Seite der Alliierten im Zweiten Weltkrieg das Leben rettete. (In Deutschland und in der Schweiz wurde sie erst nach dem Zweiten Weltkrieg bekannt.) Die Entwicklung vielfach wirkender Antibiotika ermöglichte dann nicht nur die Bekämpfung lebensgefährdender Infektionen, sondern eröffnete dem Chirurgen den Weg von der Thorax- und Herzchirurgie bis zu den Organtransplantationen.

Insbesondere als Geburtshelfer wurde mein Vater gerufen, wenn sich eine komplizierte Geburt ankündigte, der die Hebamme des Ortes allein nicht gewachsen war. Auf den Fahrten, zu denen ein von Sorge und Angst aufgeregter Ehemann mit seiner primitiven Pferdekutsche meinen Vater oft auch nachts abholte, habe ich ihn später begleitet, wenn ich in den Ferien ein paar Wochen zu Hause war, und dabei lernte ich mehr – zum Beispiel über eine Zangengeburt – als in der gynäkologischen Universitätsklinik.

Die Tätigkeit meines Vaters weckte in mir als Fünfzehnjährigem den Wunsch, eines Tages selbst Arzt zu werden. Dabei schwebte mir von Anbeginn der operative Eingriff des Chirurgen vor. Die Position »Herr über Leben und Tod« (wie später Carl Zuckmayer eine seiner Erzählungen nannte) spielte, um es etwas übertrieben darzustellen, in meinen noch kindlichen, unreifen Vorstellungen von diesem schwierigen Beruf eine unbewußte Rolle. Der Chef der chirurgischen Abteilung des Krankenhauses von Gleiwitz, in das die schweren, nicht ambulant zu behandelnden Fälle von meinem Vater eingewiesen wurden, und sein Assistent, dem ich manchmal flüchtig begegnete, waren von mir heimlich bewunderte Persönlichkeiten. Die langen Kriegsjahre verzögerten die Erfüllung meiner Wunschträume.

Die medizinische Wissenschaft und ihre Handhabung befanden sich in dieser Zeit vor dem Ersten Weltkrieg in einem recht primitiven Zustand, verglichen mit der hochspezialisierten ärztlichen Tätigkeit von heute. Die Behandlung von bakteriellen Infektionen war nahezu unmöglich; Lungen- oder Bauchfellentzündungen standen die Ärzte hilflos gegenüber. Und die Chirurgie beschränkte sich im wesentlichen auf Operationen unterhalb des Zwerchfells.

Für den Arzt war es zu Beginn des Jahrhunderts nicht so einfach wie heute, dem Patienten die in seinem speziellen Fall hilfreiche Medizin zu verschreiben. Das setzte gute pharmakologische Kenntnisse voraus. Eine pharmazeutische Industrie, die jedes gewünschte Heilmittel verpackt, mit genauer Angabe der Zusammensetzung, der Wirkung und Nebenwirkung und der Dosierung in Form von Tabletten, Ampullen oder Kapseln, liefern kann, existierte nicht oder war gerade in ihren Anfängen begriffen. So mußte der Arzt jeden Bestandteil seines Rezepts genau in Milligramm angeben. Der Apotheker entnahm die verschiedenen Bestandteile den an den Wänden aufgereihten Porzellantöpfen, wie man sie heute in Antiquitätenläden noch finden kann, wog diese auf seiner Apothekerwaage ab, mischte sie und übergab sie in einem Papiertäschchen, auf dem er die Verordnung des Arztes sorgfältig notiert hatte, dem Patienten. Die Anzahl der verwendeten Pharmazeutika war beschränkt, verglichen mit den Tausenden von Medikamenten, die heute von der Pharmaindustrie in ihren Laboratorien von Medizinern und Chemikern erprobt und nach Genehmigung der Gesundheitsbehörden den Ärzten und dem Publikum angeboten werden.

Die Freundschaft

Der Erste Weltkrieg, August 1914

Krieg! Krieg! Ulanen verkündeten mit Trompetenstößen vom Rücken ihrer Pferde die allgemeine Mobilmachung. Österreich, mit seinem Außenminister Graf Leopold von Berchthold, der eine Strafexpedition wegen der Ermordung des Erzherzogs Ferdinand für notwendig hielt, kurzsichtig und jeglicher diplomatischer Erfahrung mangelnd, erklärte Serbien den Krieg. Kaiser Wilhelm II., unsicher und schlecht informiert von seinen politischen Beratern, an ihrer Spitze der Reichskanzler Theobald von Bethmann Hollweg, fühlte sich zur Nibelungentreue gegenüber dem österreichischen Bundesgenossen verpflichtet. Als Rußland am 29. Juli mobilisierte, war der »Zustand drohender Kriegsgefahr« schon lange erreicht, und die militärischen Operationspläne verselbständigten sich derart, daß die Großmächte in den Krieg »hineinschlitterten« (Lloyd George), obwohl nur wenige Politiker ihn bewußt suchten. Vieles kam zusammen: die nationalen Bewegungen der kleinen Völker in Ostmitteleuropa zusammen mit einem auftrumpfenden Nationalgefühl, nicht zuletzt in Deutschland; Revanchegelüste in Ost und West; Rivalitäten der Großmächte, wie sie im deutsch-englischen Wettrüsten zur See deutlich wurden.

Deutschland wurde im Sommer 1914 von einer Welle wilden Nationalgefühls überschwemmt. Die achtzehn- und neunzehnjährigen Oberprimaner, denen die kriegsbegeisterte Schulleitung das Notabitur nachwarf, eilten als Kriegsfreiwillige zu den Waffen, und mit Neid betrachtete ich die ›Glücklichen‹, die sich für Kaiser und Reich opfern durften. Wir Jüngeren mußten noch ein Jahr warten, bis auch wir die Waffen ergreifen konnten. Ohne Kenntnis der weltpolitischen Konstellation und der Unfähigkeit der deutschen und österreichischen Diplomatie, die bei einiger Einsicht den serbischen Konflikt hätte bereinigen können, waren wir alle überzeugt, den Kampf für Kaiser und Reich, die vom Erbfeind Frankreich bedroht waren, aufnehmen zu müssen.

Die Intellektuellen der älteren Generation, Dichter und Schriftsteller, übertrumpften sich in Fremdenhaß, Todesmut und Todessehnsucht. Was auf diesem Gebiet geleistet wurde, ist nicht zu überbieten. Hier sind einige Beispiele des Schriftstellers und Theaterkritikers Alfred Kerr, des Dichters Rudolf Alexander Schröder und des Dichters Richard Dehmel, der sich noch mit 51 Jahren als Kriegsfreiwilliger mit kaiserlicher Genehmigung an die Front schicken ließ.

Alfred Kerr

WIR WOLLEN

(Erschien am ersten Mobilmachungstag: am 2. August 1914)

Wir wollen in den Tagen
Der steilsten Lebensfahrt
Nicht säumen – und nicht fragen,
Wie alles ward.

Wenn auf des Hauses Pfosten
Die Sonne morgen scheint,
Schaut sie in West und Osten
Den Feind.

Sie spürt ein Wipfelbeben
Und hört ein Flügelwehn.
Deutschland kämpft um sein Leben.
Es wird nicht untergehn.

Alfred Kerr
ES GEHT EINE SCHLACHT

Es geht eine Schlacht . . . mit schwerem Gang.
Am Weichselfluß? Am Wasgenjoch?
Die Stille redet. Tagelang.
Wir wissens nicht. Und wissens doch.

Es rinnt ein Ruf. Durch Frühlichtgrau'n.
Durch alle Nächte. Heimatwärts.
Es schwillt ein flüsterndes Geraun
Von Eurem Blut in unser Herz.

Es schallt ein Schrei. Es hallt ein Schuß.
Er trifft uns in die eigne Stirn.
Es zieht ein heimlich steter Fluß
Von Eurem Hirn in unser Hirn.

Es weht der Allerseelenwind.
Wir schreiten alle Einen Schritt.
Und die wir fern vom Felde sind,
Wir kämpfen mit; wir sterben mit.

Rudolf Alexander Schröder

Und wenn sie mit Eisen und Stahl Dich umklammern,
Wir schlagen die Bresche, wir brechen die Klammern,
Deutschland, Deutschland!

Wir kommen wie Geier vom Felsen gestoßen,
Wie Hagel und Schloßen!
Da klirren der Stahl und das Eisen in Scherben;
Für Dich will ich leben, für Dich will ich sterben,
Deutschland, Deutschland!

Richard Dehmel

ANS DEUTSCHE VOLK

Dank dem Schicksal, Volk in Waffen,
Deutschland gegen alle Welt!
Nicht um Beute zu erraffen,
uns hat Gott zum Kampf geschaffen,
rein zum Kampf im Ehrenfeld,
    Heldenvolk!

Ja so sind wir stark geworden;
Volk, bewähr es in der Not!
Lüstern nahn die fremden Horden
um zu plündern, um zu morden;
nun sei stärker als der Tod,
    sei dir treu!

Was sind Hab und Gut und Leben?
alles Dinge, die vergehn!
Daß wir vor Begeistrung beben,
wenn wir uns zum Kampf erheben,
das wird ewig fortbestehn,
    das will Gott!

Gott ist Mut in Kümmernissen,
ist das Edle, das uns treibt:
Ehre, Treue, Zucht, Gewissen!
Volk, drum fühlst du hingerissen,
daß dein Geist unsterblich bleibt:
    Geist von Gott!

Er verlieh dir Macht und Rechte;
sieh, nun prüft er deine Kraft!
Alles Schlimme, alles Schlechte,
Räuber, Söldner, Schufte, Knechte,
hat er plötzlich aufgerafft
      um dich her!

Über Jedem blitzt das Eisen,
das ihn auf die Probe stellt.
Freu dich, Volk, wir wolln erweisen,
daß du wert bist, dich zu preisen
über alles in der Welt,
      deutsches Volk!

Richard Dehmel

LIED AN ALLE

(Erschienen in ›Die neue Rundschau‹, August 1914)

Sei gesegnet, ernste Stunde,
die uns endlich stählern eint;
Frieden war in Aller Munde,
Argwohn lähmte Freund wie Feind –
    jetzt kommt der Krieg,
    der ehrliche Krieg!

Dumpfe Gier mit stumpfer Kralle
feilschte um Genuß und Pracht;
jetzt auf einmal fühlen Alle,
was uns einzig selig macht –
    jetzt kommt die Not!
    die heilige Not!

Feurig wird nun Klarheit schweben
über Staub und Pulverdampf;
nicht ums Leben, nicht ums Leben
führt der Mensch den Lebenskampf –
    stets kommt der Tod,
    der göttliche Tod!

Gläubig greifen wir zur Wehre
für den Geist in unserm Blut;
Volk, tritt ein für seine Ehre,
Mensch, dein Glück heißt Opfermut –
    dann kommt der Sieg,
    der herrliche Sieg!

Was war nur in dieses Europa gefahren, daß sich seine Bewohner, denen es an nichts fehlte, in wilden, patriotischen Aufschwüngen gegeneinander erhoben und mit mörderischen Waffen aufeinander eindrangen? Der langunterdrückte Wunsch, aus der Ödnis des Alltagslebens durch das Abenteuer des Krieges herauszukommen, sich als Held zu fühlen und sich aufzuopfern, mag eine große Rolle in diesem Massenwahnsinn gespielt haben. Selbst Thomas Mann verfiel der gleichen Verführung, als er im November 1914 in seinem Aufsatz *Gedanken im Kriege* (›Die neue Rundschau‹, November 1914) schrieb:

>»Erinnern wir uns des Anfangs – jener nie zu vergessenden ersten Tage, als das Große, das nicht mehr für möglich Gehaltene hereinbrach! Wir hatten an den Krieg nicht geglaubt, unsere politische Einsicht hatte nicht ausgereicht, die Notwendigkeit der europäischen Katastrophe zu erkennen. Als sittliche Wesen aber – ja, als solche hatten wir die Heimsuchung kommen sehen, mehr noch: auf irgendeine Weise ersehnt; hatten im tiefsten Herzen gefühlt, daß es so mit der Welt, mit unserer Welt nicht mehr weitergehe. [...] Krieg! Es war Reinigung, Befreiung, was wir empfanden, und eine ungeheure Hoffnung.«

Wir Jungen waren dem nationalistischen Wahnsinn dieser Dichter völlig verfallen. Sie faßten unsere Begeisterung in Worte, unseren Wahn, unseren Trieb zur Aufopferung. Nur waren es Männer zwischen dreißig und fünfzig Jahren, die uns Siebzehn- und Achtzehnjährige mit ihrer Todesmusik in ein unabsehbares Unheil jagten und das unendliche Leid mitverschuldeten, das über unsere friedliche Welt hereinbrach. Der Gedanke, wie viele Hunderttausende von hoher Begabung diesem hohlen Todesgejubel zum Opfer gefallen sind, kann einen nur mit tiefer Trauer erfüllen.

Während der ersten sechs Monate des Jahres 1915 gelang es mir trotz aller Versuche nicht, bei einem der Regimenter der Umgebung als Kriegsfreiwilliger angenommen zu werden. Entweder war ich den Untersuchungsärzten zu jung, oder man stellte eine nicht ganz einwandfreie Herztätigkeit fest.

Meine Kriegsbegeisterung ließ aber keineswegs nach, obwohl mein älterer Bruder als Unteroffizier der Infanterie aus Rußland warnende Briefe schrieb, in denen die Schrecken des Krieges ungeschminkt dargestellt waren. Auch mein Schwager, der Mann meiner Schwester, als Reserveoffizier seit Kriegsbeginn an der Westfront und dort schwer verwundet, wollte durch seine Berichte meine Bewerbung als Kriegsfreiwilliger verhindern. Mein Vater war inzwischen im Range eines Oberstabsarztes Chefarzt des in Gleiwitz errichteten Hospitals für Schwerverwundete geworden. Ich habe ihn nur einmal während eines kurzen Urlaubs aus dem Feld in Uniform gesehen, die so wenig zu seinem friedlichen Beruf paßte wie sein langer Säbel, mit dem er, besonders beim Treppensteigen, im Kampf lag.

Heute ist es unvorstellbar, wie deprimierend für einen jungen Mann der Gedanke war, Fronteinsatz und Krieg zu versäumen. Mir blieb zunächst nichts anderes übrig, als weiterhin die Schulbank zu drücken, bis man mich schließlich, nach der Versetzung in die Oberprima, die höchste Klasse des Gymnasiums, zum Notabitur als künftiger Kriegsfreiwilliger zuließ. Ich hätte den Verlauf dieses Examens längst vergessen, wenn sich nicht das Thema des deutschen Aufsatzes und meine Leistung in Mathematik mir dauerhaft eingeprägt hätten. Das Thema des Aufsatzes lautete: »Solln dich die Dohlen nicht umschrein, / mußt du nicht Knopf auf dem Kirchturm sein« (Goethe, *Zahme Xenien*).

Ich habe mich niemals in meinem Leben darum bemüht, Knopf auf dem Kirchturm zu sein, und habe mich nie als solcher gefühlt.

Meine Leistungen in Mathematik entsprachen völlig den Voraussagen meines Volksschullehrers im Jahre 1906. Zu meinem Glück – es war, wie sich bald herausstellen sollte, zweifelhafter Natur – saß bei der schriftlichen Prüfung der beste Mathematiker unserer Klasse neben mir. Da er meine totale Unfähigkeit kannte, ließ er mich großzügig alle seine Lösungen der komplizierten Aufgaben abschreiben, und so lieferte ich eine mit einer ›Eins‹ bewertete Arbeit ab, ohne zu ahnen, daß diese Note eine mündliche Prüfung nach sich zog, die ich mit einer ›Zwei‹ oder ›Drei‹ vermieden hätte. Kopfschüttelnd betrachteten die Mitglieder der Prüfungskommission den Verfasser einer ausgezeichneten schriftlichen Arbeit, der keine der an ihn gestellten Fragen beantworten konnte. Er mußte wohl einen Examensschock erlitten haben, meinten sie, drückten beim Notexamen des künftigen Kriegshelden beide Augen zu und ließen mich mit dem Zeugnis der bestandenen Matura ziehen.

Der fahrende Sänger

Kriegsfreiwilliger

Schließlich kam ich doch unter. Ein Klassenkamerad hatte erfahren, daß das Fußartillerieregiment Nr. 5 in Posen noch Freiwillige suchte. Am 31. Juli 1915, meinem 18. Geburtstag, konnte ich meinen Eltern die Erlaubnis abringen, mich dort zu melden. Posen an der Warthe, heute Poznan – zu Polen gehörend –, etwa 150 Kilometer nördlich von Gleiwitz gelegen, vergleichsweise eine Großstadt, war an sich schon ein Erlebnis, ebenso wie die Reise dorthin, die längste, die ich bisher gemacht hatte.

Die militärische Untersuchungskommission fand mich diensttauglich, stellte mein Gewicht und meine Größe fest und malte mir mit schwarzem Hautstift meine Größenmaße für die Einkleidung auf die Brust. So stieg ich mit einer riesigen Ziffer 175 zum großen Gelächter der herumstehenden anderen Kandidaten von der Waage, ahnungslos, was der Grund der allgemeinen Heiterkeit war. In meiner jugendlichen Unschuld wußte ich nicht, daß § 175 der Homosexuellenparagraph des Strafgesetzbuchs war.

Als Einjähriger, das heißt als Absolvent der Untersekunda einer höheren Schule, hatte ich das Recht, nach der Einkleidung in die Regimentsuniform ein möbliertes Zimmer zu mieten und mir eine Extrauniform anfertigen zu lassen. Ich machte natürlich Gebrauch von diesen Privilegien, um bald festzustellen, daß sie eher eine Last als ein Vorteil waren. Jeden Morgen um sieben Uhr hatte ich mich in der nicht sehr nahe gelegenen Kaserne bei meiner Batterie einzufinden, was mich eine Stunde Schlaf kostete, und mich einem ge-

GBF als Kriegsfreiwilliger, August 1915,
im Fußartillerieregiment Nr. 5 in Posen

radezu mörderischen Training zu unterziehen. Der ausbildende aktive Unteroffizier hatte es auf uns Einjährige abgesehen, die durch besondere Schulterklappen kenntlich waren. Für ihn waren wir Muttersöhnchen, die gar nicht hart genug hergenommen werden konnten. Bald zog ich in die Kaserne um, wo ich jeden Abend wie tot in Schlaf fiel.

Ein paar Tage vor dem Abmarsch an die Front besuchten mich meine Eltern in Posen. In meiner Vorfreude auf die kommenden Ereignisse kam mir gar nicht in den Sinn, wie schmerzlich dieser Abschied ins Ungewisse für sie war. Obwohl wir nach den Berichten über die in der Champagne wütenden Kämpfe und die Blutopfer, die sie kosteten, hätten wissen müssen, was uns erwartete, fuhren wir singend und scherzend ins Unheil. Drei Jahre währte es für die Überlebenden der fröhlichen Schar.

Ich war der mit vier 15-cm-Haubitzen ausgerüsteten Sonderbatterie Nr. 129 zugeteilt. Vor Ausbruch des Krieges waren sie von Krupp an die russische Armee geliefert worden, dann hatten sie deutsche Truppen erobert und dem Artillerieregiment Nr. 5 in Posen übergeben. Der Krupp-Stahl hat mir später das Leben gerettet.

Unsere Batteriestellung, in die wir im Januar 1916 einzogen, befand sich in der Champagne. Die schweren Kämpfe dort waren beendet, und ein ausgedehntes Schützengrabengewirr markierte die Front, wobei die vordersten deutschen Gräben manchmal nur wenige Meter von denen der Franzosen entfernt waren.

Unsere Stellung, die wir nach dem langen Marsch über von deutschen Truppen erobertes Gebiet erreichten, lag etwa 500 m hinter den vordersten deutschen Schützengräben. Je mehr wir uns ihr näherten, um so lauter hörten wir das feindliche Granatfeuer und das Knattern von Gewehrschüssen. Unsere Geschütze wurden von Pferdgespannen in Stellung gebracht. In unmittelbarer Nähe des Geschützstandes hatten wir zunächst einmal einen Unterstand auszuheben, ein umfangreiches Erdloch, dessen Wände mit Holzplanken verschalt wurden; Holzbetten, Tische und Stühle bildeten die spärliche Ausstattung. Die schwere Grabenarbeit war mir äußerst zuwider, aber ich bestaunte die fachmännische Geschicklichkeit, mit der bauerfahrene Soldaten die in die Tiefe führenden Treppenstufen mit Holzplanken verkleideten und vor dem Einsturz absicherten. Dann erst machten sie sich an das Ausschachten des großen Aufenthaltsraums, dessen dicke Erddecke uns vor Granateinschlägen schützen sollte. Die Franzosen hatten unsere Geschütze offenbar noch nicht entdeckt, so daß wir zunächst völlig unbehelligt blieben und unsere Freiheit und unseren Schlaf genossen, der oft nur durch das laute Quietschen der hinter den Holzplanken herumrennenden Ratten gestört wurde. Es war ein Sport, sie mit unseren Bajonetten zwischen den Spalten der Holzplanken aufzuspießen.

Die Verpflegung war nicht zum Besten; besonders ärgerten mich die immer kleiner werdenden Butterrationen, bis ich feststellte, daß unser Verpflegungsunteroffizier sie selbst verspeiste. Ich stellte ihn zur Rede – ein klarer Fall von Insubordination, was er mir wütend vorhielt. Er drohte mit Meldung bei unserem Hauptmann.

Am nächsten Tag geschah ein doppeltes Wunder: Ich war Richtkanonier am ersten Geschütz, und wir schossen ein paar Granaten auf ein uns unbekanntes Ziel, als plötzlich unmittelbar nach der Auslösung des Abschusses an meinem Geschütz eine gewaltige Explosion direkt neben mir erfolgte und mich zur Seite schleuderte. Bevor ich wieder völlig zu mir kam, rief mir eine Ordonnanz den Befehl des Hauptmanns zu, mich sofort bei ihm zu melden. Noch halb besinnungslos und in Erwartung einer Strafe wegen meiner Insubordination meldete ich mich vorschriftsmäßig: »Kriegsfreiwilliger Bermann, zur Stelle« bei dem gefürchteten Vorgesetzten – der übrigens im Zivilberuf Amtsrichter in Hamburg war – in seinem etwas abgelegenen Quartier, um von ihm zu meiner erstaunten Erleichterung zu hören, daß er mich zum Gefreiten befördert habe. Parbleu! Dann meldete ich ihm den Vorfall in meinem Geschützstand. Wir eilten dorthin und befürchteten die furchtbaren Folgen eines Rohrkrepierers. Statt dessen erblickten wir eine birnenförmig aufgeblasene Haubitze. Der Kruppstahl hatte der enormen Explosion widerstanden, so daß nicht ein Mann der Besatzung verletzt worden war.

Eines Tages hatte ich unseren Hauptmann in den vordersten Graben zu begleiten, um einen Beobachtungsposten für die Ziele unserer Geschütze ausfindig zu machen. Die feindlichen Gräben waren hier stellenweise nicht mehr als 50 Meter von den unseren entfernt, und der Hauptmann, der ungewöhnlich groß war, sicherlich über einen Meter und neunzig, mußte gebückt an der vorderen Grabenwand entlangschleichen. Schließlich entdeckten wir, etwa 100 m von den feindlichen Gräben entfernt, einen geeigneten Beobachterplatz für mich. Ich saß dann von früh bis spät in dieser vordersten Stellung hinter meinem Scherenfernrohr und korrigierte per Telephon die Einschläge unserer Granaten, die ich bei der relativ kurzen Schußweite unserer Haubitzen gut beobachten konnte. Über die Vorgänge an der feindlichen Front berichtete ich dem Artillerie-Hauptkommando. Es war eine höchst langweilige Betätigung, da die Franzosen ihr Feuer fast völlig eingestellt hatten und wir daher höchstens ein paar vom Hauptquartier angeordnete Warnschüsse abgaben. Wahrscheinlich hatten die Franzosen ihre Artillerie nach Verdun abgezogen, wo die blutigste und längste Schlacht um die Eroberung der Festung tobte.

Unser ruhiges Frontleben dauerte nur wenige Monate. Ich benutzte es zu einem kurzen Urlaub, um mich bei der medizinischen Fakultät der Universität Heidelberg als Student der Medizin zu immatrikulieren. Es war eine sehr umständliche Reise dorthin, teils zu Fuß, teils mit der Bahn von der weit entfernten Bahnstation an der deutsch-französischen Grenze aus. Ich kehrte schließlich als stud. med. zu meiner Batterie zurück. Wenige Wochen später wurde ich zum Unteroffizier befördert, was unseren Feldwebel, den einzigen, der mich seine antisemitische Gesinnung fühlen ließ, zu der hämischen Bemerkung veranlaßte, das sei nun das letzte Mal, weiter würde es mit mir nicht gehen. Daß er sich irrte, erlebte er nicht mehr. Während der Somme-Schlacht im Juli 1916 traf ihn hoch oben auf unserem Proviantwagen in unserem Ruhelager ein tödlicher Schrapnellsplitter.

Dabei fällt mir unser letzter Deutschlehrer, Oberlehrer Sylvester, ein. Als einziger unter unserer Lehrerschar hatte er ein Herz und Verständnis für uns junge Leute gehabt. Als ich, bereits Offizier, ihn während eines kurzen Urlaubs in seiner ärmlichen Landwehruniform auf der Straße traf, fiel ich ihm ganz unvorschriftsmäßig um den Hals und erfreute den gealterten Mann durch unsere gemeinsamen Erinnerungen an längst vergangene Zeiten.

Die Somme-Schlacht

Die zwei Monate von Ende Juni bis Ende August 1916 gehören für mich zu den aufregendsten und nervenzerrüttendsten Zeiten des ganzen Krieges. Unser Geschützstand befand sich jetzt dicht an einer der großen Landstraßen des Somme-Gebietes, nahe dem Ort Peronne, und bot schon dadurch der feindlichen Artillerie ein leichtes Ziel. Wir waren mit vier 15-cm-Langrohrkanonen, auch diese wieder russischer Herkunft, ausgerüstet. Unser Hauptmann, der sich kein einziges Mal in unserer Stellung zeigte und seine Befehle von der Ruhestellung einige Kilometer hinter der Frontlinie telefonisch erteilte, befahl, direkt hinter unseren schweren Kanonen einen zwei Meter tiefen Graben zu unserem Schutz anzulegen. Es war vorauszusehen, daß wir im Falle eines Angriffs die schweren Geschütze niemals über diesen Graben würden ziehen können.

Und so kam es auch. Die Offensive der Franzosen begann am 26. Juni 1916 mit mörderischen Feuerüberfällen, gegen die uns dieser Graben keinen Schutz bot. Schließlich lagen wir direkt im Angriffszentrum des Feuers, auch der immer näher heranrückenden französischen Infanterie, das uns schwere Verluste zufügte. Unsere Infanterie konnte die Stellung vor unserem Geschützstand nur kurze Zeit noch halten. Auf dem Rückzug stürmte sie durch unsere Artilleriestellung zurück, um dahinter noch Widerstand zu leisten, so daß wir uns plötzlich zwischen den Fronten befanden. Die Telefonverbindung mit unserem Hauptquartier war längst unterbrochen. Ich war inzwischen zum Vizefeldwebel avanciert

und war der einzige mit Kommandogewalt. Der unglück-
selige Graben und der Mangel an Zugpferden, die die schweren Kanonen hätten bewegen können, ließen mir keine Wahl
mehr. Ich befahl, die Geschützrohre mit Sprengstoff zu füllen und dann den Rückzug anzutreten. Da ich keine Detona-
toren hatte, schoß ich mit meinem Revolver aus einiger Ent-
fernung in die Sprengladung. Meine Bemühungen waren
natürlich vergeblich: Der Sprengstoff explodierte nicht, und
die Kanonen wechselten nochmals ihren Besitzer. Wir mußten uns so schnell wie möglich hinter die aus ihrer Ruhestellung heranrückenden Entsatztruppen in unser Lager zurückziehen. Der Weg zurück mit den Verwundeten über
freies Feld war ein Höllenweg, da die französische Artillerie
nun auch das Hinterland unter Feuer nahm.

Mit neuen Geschützen und neuen Mannschaften, unter
der Führung eines neuen Batteriekommandeurs, nahmen
wir noch zwei Monate an den furchtbaren Kämpfen um
Peronne teil. Dann schob man uns zwischen Maas und Mosel
hin und her, wo immer wir gerade gebraucht wurden.

Es gab noch einmal einen Rohrkrepierer bei einer der in
Rußland hergestellten Kanonen, dem fast die ganze Ge-
schützbesatzung zum Opfer fiel. Ich sehe noch heute den
jüngsten Kanonier vor mir, der uns oft durch sein Gitarren-
spiel erfreut hatte. Er saß in schwerem Schock auf einem
Felsblock und starrte auf seine im Gelenk halb abgerissene
linke Hand.

Leutnant der Reserve

Es war nicht der Letzte unserer Verluste. Bei St. Michel, nicht weit von St. Quentin, waren wir dieses Mal mit zwei der modernsten Langrohrgeschütze von circa 6 Metern Länge und einer damals einzigartigen Schußweite von fast 20 Kilometern ausgestattet. Um sie voll ausnutzen zu können, hatte man unsere Geschützstände dicht hinter der hintersten Schützengrabenlinie angelegt. Unser Abschußfeuer war weithin sichtbar. Schon nach unseren ersten Schüssen begann das feindliche Gegenfeuer, das schließlich mit einem Volltreffer den ersten Geschützstand traf und das Geschütz unbrauchbar machte. Ich stand mit dem Hauptmann etwa hundert Meter hinter diesem Geschütz auf einem circa drei Meter hohen, von einer kleinen Mauer umgebenen Hügel. Der Kanonier Henschel lief schreiend aus dem zertrümmerten Geschützstand heraus, seinen linken Arm mit dem rechten umklammernd, um den aus der großen Armarterie herausspritzenden Blutstrahl aufzuhalten. Ich sprang über die Mauer, rutschte die kleine Anhöhe hinunter und riß den Mann hinter den schützenden Hügel, wo ich seinen Arm mit meinem Ledergürtel abbinden konnte. Es war eine Reflexhandlung aus der mir von Haus aus gewohnten Einstellung, erste ärztliche Hilfe zu leisten. Das feindliche Feuer war glücklicherweise inzwischen eingestellt worden, so daß wir die zahlreichen Verwundeten und Toten abtransportieren konnten. Einige Tage später teilte man mir mit, daß der Hauptmann mich beim Artilleriekommandeur zur Beförderung zum Leutnant eingereicht hatte.

GBF als Vizefeldwebel (2. von rechts), 1917

Am 21. März 1918 begann die von der Obersten Heeresleitung lange vorbereitete Durchbruchsschlacht in der Picardie bei St. Quentin, die sich trotz ihres Anfangserfolges totlief. Auch die zweite deutsche Offensive und die Erstürmung des Chemin des Dames brachten zwar Geländegewinne, doch stabilisierte sich der Frontverlauf immer wieder bis zur Gegenoffensive der Alliierten im Juli/August 1918, die im Herbst die deutschen Verteidigungsstellungen zurückdrängte.

Meine Batterie lag damals in der Nähe des kleinen Ortes Mars-la-Tour in einem tiefen, lang ausgedehnten schmalen Tal. Die feindlichen Granaten überflogen unsere Stellung und schlugen hinter uns am Hügelrand ein, zu weit entfernt, um Schaden zuzufügen. Ich kommandierte, wie gewöhnlich, die Batterie, die dieses Mal mit Gasgranaten tief in das französische Hinterland hineinschoß. In der Nacht vom 9. November läutete das Telefon in meinem Unterstand, in dem ich mich zu kurzem Schlaf niedergelegt hatte. Der Telefonist, einer der wenigen Überlebenden der alten Besatzung, der mich trotz meines Offiziersranges aus alter Gewohnheit duzte, gab mir in seinem besten Berlinerisch die schier unglaubliche Meldung durch: »Leutnant, du wirst es nicht glauben, der Kaiser hat abgedankt und ist nach Holland geflüchtet. Der sozialdemokratische Abgeordnete Philipp Scheidemann hat die Republik ausgerufen.« In unserer damaligen Geistesverfassung, die immer noch militärisch und national bestimmt war, konnten wir die Nachricht nicht fassen. Sie bestätigte sich aber bald darauf durch einen Befehl Hindenburgs, Soldatenräte zu bilden. Ich ließ, ziemlich ratlos, die Mannschaft zusammentreten, verlas den Befehl und forderte zur Wahl eines Soldatenrates auf. Daraufhin wählten die genauso ahnungslosen Kanoniere mich zum Vorsitzenden, eine ehrenvolle Berufung, die kaum den Absichten der neuen Regierung in Deutschland entsprochen haben dürfte.

Die französische Heeresleitung hatte uns eine Frist von einigen Tagen gewährt, um mit unseren Truppen abzumarschieren, zurückbleibende Einheiten würden gefangengenommen. Wir packten unsere Sachen, montierten unsere schönen Kanonen an die Zugmaschinen (wir waren inzwischen voll motorisiert) und zogen ab gen Osten, unser Konvoi an der Spitze der Armee. Ich hatte ein kleines offenes Auto mit eigenem Fahrer (selbst konnte ich damals noch nicht chauffieren). Wir waren noch keine zwei Stunden unterwegs, als mir plötzlich einfiel, daß wir eine Bussole – ein kostbares Richtinstrument – in einer Scheune in Mars-la-Tour hatten stehenlassen. Mein soldatisches Gewissen ließ das nicht zu, und ich fuhr zurück. Das geräumte Gebiet, das noch eben von Soldaten gewimmelt hatte, lag da wie eine verlassene, totenstille Insel. Wie ein schwerer Traum senkte sich diese Totenstille auf mich nieder.

Was uns beim Überschreiten der deutschen Grenze passierte, war ganz unerwartet: Ein Jubel der Bevölkerung, als kehrten wir als Sieger heim. In einem der kleinen Orte, die wir passierten, sperrte eine Kette von jungen Mädchen die Straße. Sie zogen uns aus unseren Wagen, wir mußten dableiben. Der Pastor des Ortes lud mich in sein Haus ein, die Mannschaft verschwand in den Kellern der Weinbergbesitzer.

Wer die letzte Phase des Krieges an der Front miterlebt hat, kann über die bald einsetzende Dolchstoßlegende nur aufs tiefste empört sein. Die Lage der deutschen Armee im Westen war durch das Übergewicht der Alliierten an Truppen und Material und eigene schwere Verluste aussichtslos.

Hindenburg und Ludendorff hatten bereits am 29. September einen sofortigen Waffenstillstand gefordert, auch wenn der 1923 mit den Nazis konspirierende Ludendorff sich später davon distanzierte. Die von reaktionären Kreisen verbreitete Dolchstoßlüge hat nicht wenig zu der Hetze gegen die sozialdemokratische Regierung und natürlich gegen die Juden beigetragen. Die rechtsbürgerlichen Kreise wollten nicht gelten lassen, daß ohne Walther Rathenau, den Strategen der Rohstoffversorgung, und ohne Professor Fritz Haber mit der synthetischen Herstellung von Ammoniak – beide jüdischer Abstammung – Deutschland den Krieg nicht über vier Jahre hätte führen können. Walther Rathenau, der Sohn des Gründers der AEG, der als deutscher Außenminister entscheidend zur politischen Wiederannäherung zwischen Deutschland und den ehemaligen Feindmächten beigetragen hat, wurde 1922 ein Opfer der durch diese Hetzlügen irregeleiteten feigen Mörder, der Vorläufer des Nazismus.

Zurück nach Deutschland – Studienjahre

Ich hatte den Befehl erhalten, die Batterie, das heißt unsere zwei Geschütze und sämtliches Material, nach Heilbronn am Neckar zu bringen und dort auf einen wartenden französischen Zug zu verladen. Diese traurige Arbeit stand in seltsamem Gegensatz zu dem jubelnden Empfang, den uns auch hier die Bevölkerung bereitete. In Privatquartieren verbrachten wir die Nacht. Nach Ablieferung des Kriegsmaterials an die Franzosen hatte ich die Batteriedokumente nach Allenstein in Ostpreußen zu bringen, dem offiziellen Standort der Batterie, und sie dort gegen Quittung zu übergeben. Die Reise quer durch Deutschland von der Westgrenze bis zur äußersten Nordostgrenze gestaltete sich zu einer Parodie auf die militärische Zucht und Ordnung, wie sie bisher geherrscht hatte. An jeder Station verließen einige Soldaten der Batterie den Zug, wenn die Haltestelle in der Nähe ihres Heimatortes lag. Und so kam ich schließlich nach tagelanger Fahrt allein in dem gottverlassenen Nest Allenstein an. Nach einigem Suchen fand ich an der Tür eines schäbigen Hauses einen handgeschriebenen Zettel FUSSARTILLERIEBATTERIE 129, und in einem winzigen Raum, in dem kaum Platz für einen Schreibtisch war, saß ein müder, vor sich hin starrender Landwehroffizier, der mich beglückt empfing, da mit der Aushändigung der Batteriedokumente seine Arbeit beendet war.

Dann stand ich mutlos und verlassen – meine Offiziersepauletten hatte ich vorsichtshalber entfernt, um mich nicht unnötigen Attacken auszusetzen – vor der Aufgabe, eine

Transportmöglichkeit nach Gleiwitz, im äußersten Südosten Deutschlands, ausfindig zu machen. Mein freundlicher Landwehrmann brachte mich zum nächsten Bahnhof, auf dem nach langem Warten ein mit entlassenen Soldaten völlig überfüllter Zug eintraf; teils stehend, teils im Gang auf irgendeinem Gepäckstück sitzend, erreichte ich meine Vaterstadt. Die Freude der Eltern war unbeschreiblich. Ich aber fiel in tiefe Depression, die mich noch lange im Griff hielt, bis ich mich zu einer neuen Lebensform durchgerungen hatte und mich meinen Berufsplänen zuwenden konnte. Die Jahre im Felde hatten mich dem Deutschland meiner Jugend völlig entfremdet, und mit dem Land in seinem desolaten Nachkriegszustand verband mich nichts mehr.

Mein erstes medizinisches Semester verbrachte ich Anfang 1919 ohne viel Lebens- oder Wissenslust hauptsächlich im Breslauer Anatomischen Institut, in der Welt verloren nach drei Frontjahren, die innerlich überwunden werden mußten. Nach Semesterschluß war ich noch ein paar Tage in meinem Elternhaus, als ein preußischer Beamter namens Dr. Wolfgang Kapp am 13. März 1920 mit General von Lüttwitz die junge parlamentarisch-demokratische Republik durch einen Putschversuch in Gefahr brachte. Die Regierung Bauer flüchtete nach Süddeutschland. Der Putsch brach schon nach vier Tagen zusammen, hauptsächlich infolge des Generalstreiks der Gewerkschaften. Es zeigte sich aber auch, daß der Reichspräsident Ebert und die wechselnden Koalitionen der Unterstützung der Armee bedurften und der Generale, obwohl die hohen Beamten, die Industriellen und ein großer Teil der bürgerlichen Gesellschaft sich nicht mit der Weimarer Republik identifizierten und aus ihrer Unzufriedenheit mit deren wirtschaftlichen und politischen Zielen keinen Hehl machten.

Allmählich lichtete sich mein Gemüt. Im April 1919 zog es mich nach Süden, nach Freiburg im Breisgau, am Fuße des Schwarzwaldes gelegen, dieser schönen, von der Breisach durchströmten kleinen Stadt, rings um seine gotische Kathedrale erbaut. Es waren Hungerzeiten für uns Studenten; oft standen wir – eine Gruppe von Studienfreunden – mit knurrendem Magen vor dem Schaufenster eines Fleischerladens, in dem eine einzelne Salami hin und her schwang. Die schmale Kost, die die Mensa bot, wurde von Zeit zu Zeit durch die Freigiebigkeit eines Kommilitonen ein wenig aufgebessert, dessen Eltern ein Landgut in Ostpreußen besaßen.

Das ungebundene Studentenleben in dieser herrlichen Umgebung, die wir oft durchwanderten, ließ uns den Hunger vergessen. Nach den Jahren ständiger Todesgefahr, nach der Verzweiflung über den verlorenen Krieg verwandelte mich die Fülle des faszinierenden Neuen, das das Studium brachte, in den jungen Studenten, der mit 22 Jahren ein neues Leben beginnen konnte.

Von Ehrgeiz besessen hatte ich mich auf das Physikum, das medizinische Vorexamen, gründlich vorbereitet. Die Einzelnoten für die Fächer wie Anatomie, Chemie, Physik etc. ergaben in der Addition die Gesamtzensur. Die Prüfung in Physiologie mußte mir – das konnte ich mir nach den bisher erteilten Noten ausrechnen – eine ›Eins‹ bringen, um eine Gesamtzensur ›Eins‹ für das Physikum zu erhalten. Geheimrat von Kries, Professor für Physiologie an der Universität Freiburg, schritt während unserer letzten Sezierarbeiten an Fröschen durch den Arbeitssaal und verkündete mit seiner ungewöhnlich hohen Stimme beim Passieren der Kandidaten die Ergebnisse. Bei mir vorbeikommend, rief er: »Herr Bermann, eine Zwei!« und ging weiter. Ich lief hinter ihm her.

GBF als stud. med. in Freiburg, 1920

»Herr Geheimrat«, rief ich, »ich muß von Ihnen eine Eins erhalten. Bitte, prüfen Sie mich noch einmal!« »So?« sagte er. »Kommen Sie nachmittags um fünf Uhr in mein Arbeitszimmer.« Dort prüfte er mich mit rücksichtsloser Strenge, bis er sich überzeugt hatte, daß ich eine Eins verdiente. So schloß ich mein vorklinisches Studium erfolgreich ab – eine ganz überflüssige Erfüllung meines Ehrgeizes.

Schon bevor ich mich in meiner neuen Umgebung eingewöhnt hatte, erschienen die Werber für die Freikorps, die schon im Frühjahr 1920 kommunistische Bewegungen im Ruhrgebiet bekämpft hatten und dann in Oberschlesien eine Volksabstimmung für oder gegen den Anschluß an Polen beeinflussen sollten. In Studentenversammlungen hörte ich die ersten Hetzreden gegen die sozialdemokratische Regierung in Berlin und wüste antisemitische Parolen zur Verteidigung der Dolchstoßlegende. Ich trug noch meine Offiziersuniform – natürlich ohne die silbernen Schulterstücke –, als ich in einer Versammlung wütend auf unsere Kameradschaft im Feld und auf unsere gemeinsamen schweren Verluste hinwies.

Ich zog mich hinter meine Bücher zurück oder schlich in die Vorlesungen von Professor Lexer, dem Chef der chirurgischen Fakultät. Um mich mit seinen Operationsmethoden vertraut zu machen, schwänzte ich die Vorlesungen in Botanik und Chemie. Dies war verboten, da die älteren klinischen Semester die Vorlesungssäle so überfüllten, daß man sich kaum zu einem Stehplatz durchquetschen konnte. Zur Fortsetzung meines Studiums ging ich nach München, wo Geheimrat Sauerbruch Chef der chirurgischen Universitätsklinik war. Daß ich hier Hans Eisner traf, dem ich als Achtjähriger auf der Treppe zu meiner Geigenlehrerin manchmal begegnet war, zählt zu jenen Schicksalsfügungen, die so oft meinen Weg bestimmt haben. Es entwickelte sich eine lebenslange Freundschaft, die zur Begegnung mit meiner künftigen Frau führte und mein Leben von Grund auf veränderte.

Die erste Reise

Staatsexamen München –
Professor Ferdinand Sauerbruch

München war in den Wintermonaten 1920 bis 1923, in denen ich es bis zum medizinischen Staatsexamen und zur Promotion brachte, nicht nur ideal, um im Zugspitzgebiet Ski zu laufen, es bot durch die zahlreichen Faschingsbälle auch gesellschaftliche Vergnügungen in Hülle und Fülle. Daneben öffnete sich mir die neue Welt des Theaters: Das Schauspielhaus, das unter Otto Falckenberg die ersten Stücke einer neuen Dichtergeneration mit jungen, begabten Schauspielern wie Elisabeth Bergner und dem Schauspielerehepaar Faber herausbrachte, die Oper unter Bruno Walter und die Konzerte des Münchner Bach-Vereins mit dem Dirigenten Ludwig Landshoff, von dessen Rolle in meinem späteren Leben ich noch keine Ahnung hatte.

Schon nach einem Jahr bewarb ich mich mit Erfolg um eine Volontärassistentenstelle in der chirurgischen Klinik und konnte nun Sauerbruchs oder seiner Assistenten Operationen direkt im Operationssaal beiwohnen. So vergingen die Studienjahre, die für Kriegsteilnehmer durch volle Anrechnung der in den Semesterferien fortgesetzten Studien von fünf auf drei Jahre verkürzt waren, wie im Fluge.

Sauerbruchs Prüfungsmethoden waren – um es milde zu sagen – originell. Man erzählte sich, daß er ein oder zwei Kandidaten auf seine Autofahrten zu einer außerhalb Münchens stattfindenden Konsultation oder Operation mitnahm, sie unterwegs mit Fragen überschüttete und, wenn ihre Antworten ihm nicht gefielen, die Unglücklichen beim nächsten Ort auf die Straße setzte, wobei er ihnen das Rückreisegeld in die Hand drückte.

Meine eigene Prüfung beim chirurgischen Staatsexamen war nicht minder absonderlich. Wir zehn Kandidaten erwarteten den gefürchteten Chef in einem Vorraum zum Operationssaal. Auf einem Stuhl saß ein Patient, dessen linke Gesichtsseite offenbar durch eine Explosion weggerissen war, so daß die Mundhöhle völlig offen lag. Jeden der Kandidaten fragte Sauerbruch: »Was sehen Sie?« Und jeder sah von den sichtbar gewordenen Teilen der Mundhöhle naturgemäß etwas anderes, was ihm in dem kleinen Notizbuch, das Sauerbruch in der Hand hielt, eine Fünf eintrug, die schlechteste Note. Schließlich griff der Oberarzt ein, indem er seinen Chef darauf aufmerksam machte, daß alle Kandidaten ehemalige Kriegsteilnehmer waren. Als nächster Prüfling erklärte ich auf gut Glück, ich sähe den »Processus Mastoideus«, den am Hinterkopf gelegenen Knochenvorsprung, an dem der »Musculus sternocleidomastoideus« ansetzt. War es dem Eingreifen des Oberarztes zu verdanken oder nur einer Laune des Chefs – ich erhielt eine Eins.

Dabei blieb es nicht. Wir hatten Muskel- und Nervenpräparate zu sezieren. Er trat von hinten an meinen Platz, zeigte auf einen kleinen, kaum sichtbaren Nerv und fragte: »Wie heißt der?« Ich gab ihm sofort – bis aufs kleinste auf dieses Examen vorbereitet – die ohne jeden Zweifel richtige Antwort, wonach er im Fortgehen sagte: »Den gibt es nicht.« Da konnte ich nichts machen, schließlich war ich im Examen, nicht er. Als ich dann zu einer weiteren mündlichen Prüfung gerufen wurde, hatte ich jede Hoffnung auf eine ordentliche Bewertung aufgegeben, zumal er, bevor ich mich hingesetzt hatte, lospolterte: »Sie sind nie in meinem Kolleg gewesen!« Das ging mir nun doch über die Hutschnur. »Entschuldigen Sie bitte, Herr Geheimrat, aber Sie haben wohl übersehen, daß ich ein halbes Jahr Volontärassistent in Ihrer Privatabteilung war!« »So«, sagte er und schrieb eine Eins in sein kleines Notizbuch.

Nach meinem Staatsexamen und meiner Dissertation verbrachte ich noch ein Jahr am pathologisch-anatomischen Institut der Universität München. Es war eine ungemein lehrreiche Zeit, die eigentlich kein Medizinstudent versäumen sollte. Keine Erfahrung am Krankenbett, keine Beobachtung einer Operation kann die durch das Sezieren sichtbar werdende Krankheits- und Todesursache ersetzen, man gewinnt eine einzigartige Einsicht in die Pathologie des menschlichen Körpers.

Die Begegnung

Hitler am Horiziont

Die Umtriebe Hitlers, der mit seinen schwülstigen Reden über die Wirtschaftskrise dieser Jahre, die Arbeitslosigkeit von Millionen und die starre Haltung Frankreichs mit seinen unerfüllbaren Reparationsforderungen eine wüste Hetzkampagne trieb und gegen die Sozialisten, die Kommunisten, die Kapitalisten und nicht zuletzt gegen die Juden loszog, die er für den Versailler Vertrag und den »Dolchstoß in den Rücken der Armee« verantwortlich machte, hatten zunächst in akademischen Kreisen kaum einen Erfolg. Im Sommer 1922 begann Hitler aber auch in diese Kreise einzudringen. Man nahm ihn zwar nicht allzu ernst, aber man fragte neugierig, was er wohl zur Lösung der immer schwierigeren Situation beizutragen hätte.

Im Juni dieses Jahres waren die Litfaßsäulen Münchens gepflastert mit Riesenplakaten der nationalsozialistischen Partei mit hetzerischen Parolen gegen die Juden. Zu meiner Überraschung lud der Chef des Instituts, Geheimrat Professor Dr. Borst, seine Assistenten ein, mit ihm zusammen eine Parteiveranstaltung im Zirkus Krone aufzusuchen. Lachend und scherzend in Erwartung der nun schon weidlich bekannten Komödie – dafür hielten es die meisten in dieser Zeit – zog man hin; auch das Gebrüll des Demagogen genoß man als kurioses Schauspiel. Ich nahm an dem Ausflug nicht teil, ahnte aber schon damals, nach meinen Erfahrungen 1919 in Freiburg, wie aus dem Gelächter bitterer Ernst werden konnte.

Assistenzarzt der Chirurgie in Berlin

Es dauerte nicht mehr lange, bis mein Traum in Erfüllung ging. Im Frühjahr 1923 erfuhr ich von einem Berliner Freund, daß eine Assistenzarztstelle an der zweiten chirurgischen Klinik des Krankenhauses am Friedrichshain in Berlin frei würde.

Ich machte mich sofort auf den Weg und erhielt vom Chefarzt Professor Dr. Moritz Katzenstein nach kurzem Gespräch zunächst probeweise auf ein halbes Jahr die Assistentenstelle und wurde bald fest angestellt. Ich war in meinem Element; eine bessere Ausbildung in der Chirurgie konnte ich mir nicht wünschen. Der Chef und sein Oberarzt sowie die älteren Assistenten nahmen sich meiner technisch-operativen Ausbildung an, und bald wurde ich als Assistent zu schwierigen Operationen zugelassen und konnte selbständig, zunächst unter Assistenz des Chefs, kleinere und mittlere Operationen wie Appendektomien, Bruchoperationen und Amputationen durchführen.

Es fehlte nicht an tragischen Ereignissen in dieser Zeit. Als eines Morgens ein zwölfjähriger Junge eingeliefert wurde, dem beide Unterschenkel in Kniehöhe abgefahren worden waren und ich die erste Wundbehandlung begann, erschienen im Krankenzimmer seine verzweifelten Eltern. Die Mutter bat mich, ihn sterben zu lassen. Da es zu dieser Zeit noch keine Bluttransfusionen gab, blieb nur die Möglichkeit, den schweren Blutverlust durch eine Kochsalzinfusion zu ersetzen. Bevor ich mich daranmachte, kam der Chef, der von der verzweifelten Mutter gehört hatte, und nahm mich zur

Seite: »Man muß diese erste Reaktion der Mutter verstehen – aber für uns als Ärzte gilt das unumstößliche Gesetz, Leben zu erhalten. Gehen Sie und tun Sie Ihre Pflicht!« Damals sprach man noch nicht von Euthanasie, aber der Chef hatte völlig recht, als er noch hinzufügte: »Wie können Sie wissen, welche Begabungen in diesem Jungen stecken, die ihn vielleicht zum Wissenschaftler, zum Künstler auch nach diesem schweren Verlust befähigen.«

Ins komische Fach gehört die Geschiche einer alten Dame, die am späten Abend jammernd in der Klinik erschien: Sie hätte ihr Gebiß verschluckt und müßte sich nun dringend einer Operation unterziehen. Eine Operation der Speiseröhre, wo es wohl stecken mochte, ist nicht einfach. Alles wurde mobilisiert: Der schon geschlossene Operationssaal erstrahlte wieder im Lichte seiner Lampen, der Röntgenapparat wurde in Betrieb gesetzt und die Instrumente sterilisiert. Man stellte die arme Frau hinter den Röntgenschirm, und der Oberarzt, der sich glücklicherweise noch in der Klinik befand, begann die Ableuchtung von Speiseröhre und Magen, was zum allgemeinen Erstaunen der Ärzte und Schwestern keinerlei Ergebnisse erbrachte: Nirgendwo war eine Spur des verschluckten Gebisses zu entdecken. Das obere Gebiß saß fest an Ort und Stelle. »Und das untere haben Sie verschluckt?« »Ja, lieber Herr Doktor, ja, ja!« Da kam dem Oberarzt die geniale Idee, die Frau zu bitten, die Handtasche zu öffnen – und siehe da, da lag es, das untere Gebiß, das weder von Speiseröhre noch vom Magen, sondern von der Handtasche verschluckt worden war. Wir hatten alle Mühe, uns das Lachen zu verbeißen, um die verwirrte alte Dame nicht zu kränken.

Tutti – Die Verlobung und die entscheidende Lebensfrage

Mein Freund Hans Eisner war inzwischen auch in Berlin eingetroffen und arbeitete als Chemiker am Kaiser-Wilhelm-Institut als Assistent von Professor Fritz Haber. Er führte mich bei dem mit ihm befreundeten Verlegerehepaar Bruno Cassirer ein. Als man hörte, daß ich Geige spielte, lud man mich ein, die zweite Violine im Streichquartett der jüngeren Tochter zu übernehmen.

Bei einem Tanzabend, den Cassirers für ihre zwei Töchter veranstaltet hatten, tanzte ich mit einer blonden Schönen, als sich die Tür öffnete, in deren weißem Rahmen vor dem dunklen Hintergrund des Eingangs ein Mädchen in weißem, mit Perlen besticktem Seidenkleid stand, lächelnd und etwas verwundert auf die tanzenden Paare blickend. Die Sekunde, in der sich im Vorübertanzen unsere Augen begegneten, entschied unser Schicksal, das uns für mehr als 65 Jahre zu *einem* zusammenschmolz: durch Freuden und Leiden, durch Gefahren und Erfolge, bis uns der Tod auseinanderriß. Ich sprach nur ein paar Worte mit ihr an diesem Abend und erfuhr, daß sie die Tochter des Verlegers Samuel Fischer war; ich erzählte ihr von meinem Beruf und von meiner Liebe zur ›Neuen Rundschau‹.

Wir sahen uns zunächst nur wenig. Ab und zu flüchtig bei Quartettproben im Hause Cassirer, der mich eines Tages bat, für den ausscheidenden Bratschisten die Bratschenpartie zu übernehmen. Er stellte mir ein schönes Instrument zur Verfügung, und ich lernte schnell, mich auf dieses Streichinstrument umzustellen. Bei einer dieser mehr zufälligen Begegnungen erzählte sie mir, daß sie das Schubert-sche *Forellenquintett* vorbereitete, mit ihr am Klavier und Agnes Cassirer als erste Geige und mit einem jungen holländischen Berufscellisten und einem der Bassisten der Berliner Philharmoniker. Leider hätte sie bisher keinen Bratschisten gefunden – ob ich zu einer Probe in das elterliche Haus im Grunewald kommen wolle? Es gab dabei ganz lustige Zwischenfälle, zum Beispiel wenn der Cellist dem Baß zurief: »Spielen Sie doch nicht so laut, die Forelle ist doch kein Walfisch« oder ich Tutti bei einer schwierigen Stelle ermahnte: »Fräulein Fischer, Sie müssen mehr üben« – eine liebevolle Frechheit, um so mehr, als ich das Üben notwendiger hatte als sie.

Unser gemeinsames Musizieren gehörte jetzt so sehr zu meinem Leben wie meine berufliche Tätigkeit. Es wurde uns beiden aber bald klar, daß sich hier etwas anderes, Größeres zwischen uns – stillschweigend – entwickelte, was uns mehr und mehr erfüllte. Es wurde uns dadurch erschwert, daß Papa und Mama Fischer, die wohl etwas bemerkt hatten, uns nicht einen Augenblick allein ließen. Wenn eine Probe einmal im Hause Cassirer stattfand – etwa eine halbe Stunde Bahnfahrt vom Grunewald entfernt –, konnten wir sicher sein, daß uns die Gouvernante mit Hund am Bahnhof Grunewald erwartete, um uns auf dem kurzen Weg zum Fischer-Haus zu begleiten.

Ich mußte jetzt die Initiative ergreifen. So arrangierte ich mit Hilfe einer Cassirer-Tochter einen gemeinsamen Besuch des Cassirer-Guts bei Berlin mit Tutti – ich nenne sie schon jetzt bei ihrem von der Mutter in frühester Kindheit gebrauchten Kosenamen, den sie ihr ganzes Leben lang beibehielt. Ungeschickt und verlegen saßen wir beide in einem gelbblühenden Lupinenfeld an einem kleinen Wiesenabhang, bis ich mich schließlich zu der Frage entschloß, wie es um uns stünde und ob wir uns wohl fürs Leben zusammentun wollten. Wir fielen uns in die Arme und waren glücklich, daß das lange stumme Warten endlich ein Ende hatte. In dieser einzigartigen Stunde erschien es mir profan, alles das auszusprechen, was ich fühlte und was auch sie wohl empfand. Die einfache Frage und ihre Antwort brachten stärker, als alle Worte es hätten tun können, zum Ausdruck, was uns erfüllte. In den wenigen Stunden gemeinsamen Musizierens, in Tuttis tiefempfundener Interpretation von Bach und Mozart, in unseren Gesprächen über Hölderlin und Rilke, die sie liebte, hatte ich in ihr den einzigartigen, prachtvollen Menschen erkannt, fähig, lebendiges Glück zu spenden und mit offener Seele zu empfangen. Es war der Zusammenklang ihres kraftvollen Wesens mit weiblicher Zartheit, der sie befähigte, am Leben und Schaffen der anderen aktiv teilzunehmen und ihre Zuneigung und Liebesfähigkeit spüren zu lassen. Ein wundervoller, gerader Mensch, der auch des köstlichsten Humors nicht entbehrte. Kein Wunder, daß ich dem Zauber, der sie umgab, völlig verfiel und ihrer Schönheit, die mich vom ersten Augenblick an gefangengenommen hatte. Aber auch sie wußte, daß eine unzerreißbare Kette uns umschlungen hielt. Es war im Juni 1925, als sich unser gemeinsames Schicksal entschied. Daß wir warten mußten, bis sich meine medizinische Laufbahn so weit entwickelt hatte, daß an eine Eheschließung zu denken war, störte uns in unserem jugendlichen Optimismus nicht.

Tuttis Eltern dachten anders. Das lockere Berliner Leben der goldenen zwanziger Jahre war in die großbürgerlichen Häuser, zu denen auch das Haus Fischer gehörte, nicht eingedrungen. Bei aller Liberalität und sozialer Aufgeschlossenheit, bei aller Großzügigkeit in der Gestaltung des täglichen

»Verlobt«, September 1925

Max Liebermann, Samuel Fischer, 1915
(Schiller Nationalmuseum, Marbach am Neckar)

Leo von König, Hedwig Fischer mit Tochter Brigitte, 1907

Lebens in der Familie und in den Freundschaftskreisen galten bei Papa Fischer, was seine Tochter betraf, die strengen Gesetze seiner Jugend, die ein Liebesverhältnis vor der Ehe ausschlossen. So reiste die Familie Fischer zunächst Hals über Kopf nach Gastein, als Tutti ihren Eltern unsere Verlobung gestanden hatte. Das Schreibverbot, das über uns verhängt wurde, umgingen wir jedoch. Eine in Holland lebende Freundin Tuttis übernahm die Vermittlung, so daß wir über Gastein, Amsterdam, Berlin, Amsterdam, Gastein wenigstens die briefliche Verbindung aufrechterhalten konnten.

Es war uns klar, daß Papa Fischer Zeit gewinnen wollte, Erkundigungen über diesen jungen Mann einzuziehen, wie es seinerzeit im Jahre 1893, als er sich verlobte, sein Schwiegervater getan hatte. Die Prüfung mußte nicht zu ungünstig ausgefallen sein, denn nach Wochen kam der so lang ersehnte Anruf Tuttis mit der Einladung, ihren Vater in seinem Verlag aufzusuchen.

Das Verlagshaus in der Bülowstraße war alles andere als ein Palast. Der führende deutsche literarische Verlag hauste im Hinterhaus eines vielstöckigen primitiven Gebäudes, das auf architektonische Schönheit wahrlich keinen Anspruch erheben konnte. Im Empfangsraum, an dessen Wänden Photos der berühmten Fischer-Autoren hingen, ließ mich Fischer zunächst eine halbe Stunde warten. Als ich dem Patriarchen gegenüberstand, fielen alle meine Ängste vor dieser entscheidenden Begegnung von mir ab. Da saß hinter seinem Schreibtisch ein kleiner Herr – ich kannte ihn vom Anschauen durch unser Musizieren in seinem Haus, ohne je ein Wort mit ihm gewechselt zu haben –, forderte mich auf, mich neben ihn zu setzen – er war sehr schwerhörig –, sah mich mit seinen hellblauen Augen gütig lächelnd an und sagte: »Sie

wollen also meine Tochter heiraten?« Auf diese nüchterne
Frage gab es nur eine Antwort: »Ja, Herr Fischer, wir lieben
uns und wollen unser weiteres Leben miteinander verbrin-
gen.« »Und wie stellen Sie sich Ihre Zukunft vor?« »Ich bin
Chirurg, Herr Fischer, und habe die Absicht, mich an einer
Universität zu habilitieren und mich wissenschaftlichen
Arbeiten neben meiner chirurgischen Tätigkeit zu wid-
men.«

Statt der von mir jetzt erwarteten Frage, wie ich diese
Laufbahn zu finanzieren gedenke – ich hätte sie schwerlich
zufriedenstellend beantworten können –, wollte er wissen,
ob ich Organisationstalent hätte. Ich konnte nur stotternd
auf meine Erfahrungen als Artillerieoffizier, die solche Fä-
higkeit forderten, verweisen, bis ich merkte, daß er etwas
ganz anderes im Sinn hatte. »Könnten Sie sich wohl entschließen, Ihren Beruf als Chirurg aufzugeben und in den
Verlag als mein späterer Nachfolger einzutreten?« Ich war
völlig vor den Kopf geschlagen und sah ihn nur schweigend
an. Und dann erzählte mir der rührende alte Mann, der so
viel in seinem Leben geleistet hatte, von seinen Sorgen um
seine Familie nach seinem Tod und – er war damals 66 Jahre
alt – um das Schicksal des Verlages, für den es nach dem Tode
seines Sohnes Gerhart im Jahre 1913 keinen Nachfolger gab.
Ich war tief erschüttert und konnte nur sagen, daß ich zu
einer Entscheidung über diesen mein ganzes Leben umwäl-
zenden Vorschlag Zeit brauche. Ich könne wohl begreifen,
was ihn bewegt. Ich dankte ihm für das Vertrauen, das er in
mich setzte, aber ich müsse mich mit meinen Eltern, meinen
Freunden und nicht zuletzt mit Tutti beraten. Dann lud er
mich zum Essen in die Erdener Straße ein, wo Tutti und ihre
Mutter uns mit ängstlicher Sorge empfingen. Tutti umarmte
mich mit strahlender Freude, als sie ihren Vater und mich

friedlich vereint sah. Frau Hedwig Fischer empfing mich mit gütigem Lächeln, und so war ich in die Familie aufgenommen, noch ganz benommen von den Ereignissen der letzten Stunden.

1926

Brigitte Bermann Fischer, Berlin 1926

Die Entscheidung

Der Herausforderung, eines Tages den S. Fischer Verlag zu übernehmen, fühlte ich mich zunächst nicht gewachsen. Meine Laufbahn als Chirurg, die ich lange ersehnt hatte, meine wissenschaftlichen Arbeiten auf dem neuen Gebiet der Zellzüchtung, die sich vielversprechend anließen, sollten zugunsten eines neuen Berufs, einer neuen Verantwortung, deren Umfang ich noch gar nicht ermessen konnte, aufgegeben werden. Auf der anderen Seite stand eine Aufgabe, die nicht nur mein eigenes Leben betraf, sondern das meiner geliebten Tutti, ihrer Familie und des Verlagshauses, das für so viele bedeutende Frauen und Männer Heimstatt war. Den Ausschlag gab schließlich die Überlegung, daß sich mir hier ein Arbeitsgebiet im kulturellen Leben Deutschlands auftat, wie ich es mir nicht hätte träumen lassen. Was Herr Schirdewan, seligen Angedenkens, mir so freundlich durch Leihgaben erschlossen hatte, sollte nun durch mich weitergeführt werden. So sagte ich schließlich ja und nahm Abschied vom Operationssaal, von meinen Zellkulturen und von meinem Chef, der mich ungern ziehen ließ. Die ganze Wahrheit über meine Beweggründe gestand ich ihm allerdings nicht. Ich hatte damals kurz vor meiner Verlobung ein Angebot für eine ordentliche Assistentenstelle an der orthopädisch-chirurgischen Klinik der Charité, der großen Berliner Universitätsklinik, und damit die Hoffnung, mich später dort habilitieren zu können – eine noch immer wirkende Verlockung. Zudem war ich von Professor Katzenstein für den Posten seines Oberarztes vorgesehen, anstelle des jetzigen, der im folgenden Jahr die Leitung einer eigenen chirurgischen Klinik übernehmen sollte. Dabei warnte mich Professor Katzenstein vor der antisemitischen Haltung der Universitäten, insbesondere der medizinischen Fakultäten.

Wie recht er hatte! Mit der Machtergreifung Hitlers hätte meine Universitätslaufbahn und meine wissenschaftliche Arbeit in Deutschland ein Ende gefunden. Es wäre mir wie so vielen meiner Kollegen nur übriggeblieben, mich in den USA als Arzt niederzulassen. Noch heute macht mich der Gedanke schaudern, daß unsere alten Eltern und dieser einzigartige Verlag den Nazihorden in ihre blutigen Hände hätten fallen können.

Mein zurückgezogenes, ganz der Chirurgie und der Wissenschaft gewidmetes Leben verwandelte sich in ein Traumgebilde, das nur langsam zur Realität dieses neuen Berufes erwachte.

Die Hochzeit

Am 14. Februar 1926 fand unsere Eheschließung statt. Es war ein völlig unzeremonieller Vorgang. Der Standesbeamte kam zu uns in die Erdener Straße. Wir zeichneten in Gegenwart von zwei Zeugen, einer von ihnen war unser lieber Freund Oskar Loerke, der große Lyriker, die notwendigen Dokumente, und ohne weitere Feierlichkeiten waren wir in einer Ehe verbunden, die uns trotz aller lebensbedrohenden Gefährdungen 65 Jahre lang in Liebe verband.

Die anschließende Hochzeitsfeier war dagegen ein rauschendes Fest. Mama Fischer hatte es sich nicht nehmen lassen, die Heirat ihrer Tochter in großem Stil zu feiern. Im Hotel Esplanade waren – ich glaube – mehr als sechzig Freunde des Hauses Fischer geladen aus allen Kreisen der Literatur, des Theaters, der Musik und der Medizin, und natürlich alle die vielen Freundinnen Tuttis.

Ich hörte kaum die vielen Tischreden, beginnend mit den Worten des ehemaligen Staatssekretärs im Reichskolonialamt Dernburg, einer der nächsten Nachbarn im Grunewald.

Nach einem Walzer, umgeben von der Schar der Gäste, entflohen wir dem Trubel und traten unsere Hochzeitsreise nach Beaulieu an der französischen Riviera an. Damals gab es dort nur ein großes Hotel, in dem sich unter den vielen Gästen der König Gustav von Schweden befand, der mit seinen siebzig Jahren zu meiner Bewunderung noch täglich mit Gottfried von Cramm Tennis spielte. Ich mußte viele Jahre später daran denken, als mein Tennistrainer in Forte di Mar-

mi, mit dem ich zweimal in der Woche dreißig Jahre lang
Tennis spielte, mir an meinem 90. Geburtstag sagte: »In
Ihrem Alter sollten Sie als Nr. 1 in der Tennisrangliste ran-
gieren.«

Eintritt in den Verlag – Das neue Heim
und eine neue Welt

S. Fischer hatte für mich einen Schreibtisch quer zu dem seinen stellen lassen, und so zog an mir als schweigendem Zuschauer und Zuhörer die Vielfalt eines Arbeitstages eines großen Verlages vorüber. Da kamen die Leiter der Herstellungsabteilung mit ihren Vorschlägen für die neuen Bücher, für Papier, Schrift, Einbandstoffe, die Graphiker mit Entwürfen für die Schutzumschläge, die Lektoren mit Vorschlägen, Gutachten, Werbetexten. Es gab nichts, was nicht der Entscheidung des Verlegers unterlag. Das Verständnis für die praktisch-technische Seite des Verlagswesens wurde mir durch die Bereitwilligkeit der Abteilungsleiter erleichtert, mich in ihr Arbeitsgebiet einzuführen.

Am aufregendsten waren für mich natürlich die Begegnungen mit den Autoren, die ihrem Verleger über ihre Arbeit berichteten, Manuskripte überbrachten, Rat suchten und zusammen mit den Lektoren, an ihrer Spitze Oskar Loerke, neue Pläne diskutierten. Loerke übte nahezu zwanzig Jahre lang als Nachfolger von Moritz Heimann, dem ich leider nicht mehr begegnet bin, großen Einfluß auf das Programm aus, das doch bis zuletzt die Handschrift S. Fischers trug.

Ich machte mich systematisch mit allen herstellerischen Fragen vertraut und besuchte die großen Leipziger Druckereien und Papierfabriken, unterstützt von meiner Frau, die nicht nur eine ausgezeichnete Graphikerin war, sondern auch durch langjährige Arbeit in einer Berliner Druckerei das Handwerk erlernt hatte. Ich stellte mich bei Berliner

Buchhandlungen vor, diskutierte über Vertriebs- und Rabattprobleme und revolutionierte schließlich die altmodische Buchführung des Verlages, die zuvor immer mit gewaltigen Folianten arbeitete, durch Einführung des damals ganz neuen ›Durchschreibeverfahrens‹.

Ganz in der Nähe der Erdener Straße 8 hatten uns Tuttis Eltern eine Wohnung eingerichtet, in der wir eine Stätte der Freundschaften und der gemeinsamen Arbeit an der jugendlichen Fortführung des Verlages schufen. Es war ein Leben, fest eingeordnet in Deutschlands Kulturschaffen. Es war erfüllt von den vielfältigen Verpflichtungen, die der Verlag und seine Autoren uns auferlegten.

Berlin war damals ein einzigartiges Zentrum europäischer Kultur. Seine Theater, Opernhäuser und Konzerthallen unter der Leitung so hervorragender Persönlichkeiten wie Max Reinhardt, Bruno Walter, Otto Klemperer, einer unübertroffenen Schar von Schauspielern, Sängern und Instrumentalsolisten und den Malern und Bildhauern und Architekten, Alexander Moissi, Werner Krauss, Emil Jannings, Elisabeth Bergner, Max Liebermann, Lovis Corinth, George Grosz, Georg Kolbe – unmöglich, sie alle bei Namen zu nennen. Die unvergeßlichen Aufführungen von Shakespeares Dramen im Deutschen Theater unter der Regie des ebenso unvergeßlichen Max Reinhardt, seine *Fledermaus*-Aufführung, Zuckmayers *Hauptmann von Köpenick*, die meisterhafte Inszenierung von *Hoffmanns Erzählungen* im Großen Schauspielhaus und Ferdinand Bruckners *Verbrecher* unter der Regie von Heinz Hilpert.

Ich fühlte mich in eine Welt versetzt, die ich mir nicht hatte erträumen können, die einzigartig war in ihrer Fülle der Ereignisse, einer höheren Existenz, wie sie mir in meinem früheren Arzt-Dasein nicht beschieden war. Hier herrschte wahrhaft die Aristokratie des Geistes, repräsentiert von den schöpferischen Persönlichkeiten auf allen Gebieten der von der Welt bewunderten deutschen Kultur. Es war eine Welt der Liberalität, der Humanität, jenseits der politischen Intrigen und Machenschaften, die die Welt zu bedrohen begannen.

Und noch heute schwärmen die wenigen noch Lebenden, die es erlebten, von seiner Schönheit, seiner Gastlichkeit und dem kulturellen Leben, das sich dort zutrug.

Zu Berlin gehörten natürlich auch die Sensationen unterhaltender Art: Die Sechstagerennen und die Boxkämpfe, bei denen sich die Prominenten von Film und Theater einfanden, die Kabaretts und Tanzlokale, die überfüllten Cafés und Restaurants am Kurfürstendamm und der Tauentzienstraße, nicht zu vergessen der gesellschaftliche Höhepunkt des Presseballs alljährlich im Herbst. Von der Not der Arbeitslosen, vom wirtschaftlichen Niedergang und der politischen Führungslosigkeit nahmen wenige Notiz, am eindrücklichsten George Grosz mit seinen Karikaturen des deutschen Spießertums und der Regisseur Erwin Piscator mit seinen sozial engagierten, expressiven Inszenierungen. Beide waren häufig Gäste bei uns.

Wenn bisher von der praktischen Seite des Verlegens von Büchern die Rede war, so kann ich nicht umhin, jetzt vom Schönsten und Ergreifendsten unseres Lebens, Tuttis und des meinen, zu berichten – von der Freundschaft mit unseren Autoren. Diese außergewöhnlichen, schöpferischen Menschen führten mich durch ihre Einsicht, ihre Intelligenz, ihr unabhängiges Denken aus der engbegrenzten Welt der Medizin in ein anderes, weitgespanntes Dasein ein und weckten alles, was bisher in mir geschlummert hatte, die Auseinandersetzung mit der Welt um uns herum, zum Leben. Wenn ich früher von meiner Liebe zu Tutti als einem schönen, wundervollen Menschenkind gesprochen habe, wurde sie nun, die in diesem Milieu des freien Geistes aufgewachsen war, das Wesen, das mir den Weg zu dieser neuen Welt eröffnete. Von frühester Jugend auf war sie von all diesen Persönlichkeiten wie eine Tochter geliebt und später in ihrer einsichtsvollen Lebensführung als Freundin anerkannt worden. So wurde ich als der Unbekannte, als von ihr Erwählter, in diesen Kreis aufgenommen, in dem ich mich zu bewähren hatte.

Im August 1926, also nur ein Jahr nach meinem Eintritt in den Verlag, waren Tutti und ich für einige Tage Gerhart Hauptmanns Gäste in Hiddensee gewesen, wo er seine Sommer zu verbringen pflegte. In meinem Dankbrief schrieb ich:

Berlin, den 2. August 1926

Sehr geehrter Herr Doktor!

Darf ich Ihnen noch einmal für die schönen Stunden, die wir in Hiddensee mit Ihnen verbringen durften, sehr herzlich danken. Ich werde diese Tage, in denen ich Ihnen außerhalb des Offiziellen nahe sein durfte, nicht vergessen und bin beglückt darüber, in welcher ungezwungenen Freundlichkeit Sie sich uns gaben. Ich darf vielleicht aus diesem Zusammensein als Ergebnis das Bewußtsein eines Vertrauens von Ihnen zu mir davontragen, das mir für die schwere Arbeit, die ich übernommen habe, eine große Stütze sein wird. [...]

Mit den ergebensten Grüßen an Sie und Frau Hauptmann

Ihr

Dr Gottfried Bermann

Seine Antwort, nur wenige Tage später, war eine Ermutigung für den Verlagsnovizen:

[Agnetendorf, August 1926]
Lieber und verehrter Herr Doktor Bermann!
Ihr Brief war mir eine große Freude, und ich möchte sagen, daß die Sympathie, welche ich von Anfang an für Sie empfand, sich in den wenigen Tagen unseres Zusammenseins nicht nur bestätigt, sondern auf's herzlichste vertieft hat. – Ihnen und Frau Tutti wärmste Wünsche für eine erholsame Sommerszeit, auch von Madame.

[Gerhart Hauptmann]

Für unser Verhältnis in den nachfolgenden Jahren stehen hier zwei Briefe von 1934:

Agnetendorf i/Rsgb. den 19. Juli 1934.
Lieber Dr. Bermann,
Haben Sie Dank für diesen Brief. Er entlastet mich und erfreut mich in vieler Hinsicht. Die Art, wie Sie den Hamlet-Roman aufgenommen haben, beweist mir jene Organe in Ihrer Seele, die unumgänglich sind, wenn man die feinen und feinsten Schwingungen eines Kunstwerks aufnehmen will. Und dieser schöne Vorgang hat sich bei Ihnen zu meiner Freude vollzogen.
Sie kommen von der Medizin, und es war nicht unbedingt anzunehmen und vorauszusetzen, daß Sie so schnell in das Wesen der Kunst hineinwachsen würden. Aber Sie sind hineingewachsen. Und so habe ich in Ihnen nicht nur einen Verleger und Geschäftsmann als meinen Vertreter zu schätzen, sondern einen künstlerisch warm und richtig fühlenden Freund.

Ihre Einwände sind zutreffend. Das erste Viertel des Romans wird daraufhin und auch eigener Überzeugung gemäß durchgenommen und erneuert werden. Wir werden sehen, ob wir die Leute im Tempel festhalten können, ja, uns alle mögliche Mühe dazu nicht verdrießen lassen können. Ich bitte also mir das Typoscript schnellstens zugehen zu lassen, damit die Arbeit beginnen kann.

Man darf überhaupt keine Zeit verlieren, wenn man nahe an 72 ist, und ich muß sagen, daß ich, sowie im Winter mehr noch in diesem Sommer, meine Zeit und Kraft nach Möglichkeit ausnütze.

Ich bin also sehr froh, daß wir konform gehen in Sachen des Hamlet-Romans, für den ich gern einen andern Titel hätte. Inzwischen habe ich auch ein Hamlet-Drama gefördert und hoffe es noch in diesem Jahr zu beenden. Es heißt: Hamlet in Wittenberg.

Sie, Frau Tutti und die Kinder vor dem Hottentotten-Krale zu sehen, ist eine Erquickung. In solcher Vereinfachung bei solcher Umgebung liegt Rückkehr zu Kraft und Schönheit.

Der ganze Wiesenstein grüßt herzlich

[Gerhart Hauptmann]

Berlin W 57, Bülowstr. 90,
den 15. August 1934.

Hochverehrter Herr Doktor!

In der nächsten Zeit wird der Nobelpreis wieder verteilt werden. Ich habe vor einiger Zeit mündlich schon einmal darauf hingewiesen, wie schön es wäre, wenn er diesmal Hermann Hesse zuteil würde. Sie waren damals so freundlich, mir zuzustimmen. Darf ich nun noch einmal daran

erinnern, Ihren großen Einfluß in dieser Richtung geltend
zu machen, wenn die Möglichkeit dazu besteht.

Für eine Antwort in dieser Angelegenheit wäre Ihnen sehr
dankbar

Ihr

Dr Bermann

Schon 1928 war ich so vertraut mit allen Vorgängen und Ent-
scheidungswegen der Verlagsführung und hatte so sehr das
Vertrauen S. Fischers wie das der Autoren gewonnen, daß er
mich in die Geschäftsführung berief und mir einen großen
Teil der Autorenkorrespondenz überließ. Als ich im Jahre
1932 Hermann Hesse, den ich mit Tutti häufig in Montagno-
la besucht hatte, zu seinem Manuskript der *Morgenlandfahrt*
einen begeisterten Brief schrieb, bot er mir das »Du« an,
eine Freundschaftsgeste, die mich als Auszeichnung, als Beweis der Akzeptanz als sein Verleger ehrte und zutiefst erfreute.

Mein Augenmerk richtete sich naturgemäß auf die Auto-
ren meiner Generation. So konnte ich dem Verlag Heinrich
Hauser, Kurt Heuser, Walter Mehring, Siegfried Kracauer,
Erika und Klaus Mann, René Schickele (der zur älteren
Generation gehörte), Ferdinand Bruckner, Joachim Maass,
Liam O'Flaherty, Valeriu Marcu, Jean Giono, Klaus Meh-
nert, Antoine de Saint-Exupéry, Hermann Broch, Hans Keil-
son, Martin Gumpert und Carl Zuckmayer zuführen.

Das Haus in der Erdener Straße 8
und Hedwig Fischer

Wenn man Papa Fischer als den Motor des Verlages bezeichnen wollte, war Frau Hedwig seine Seele, eine gütige Seele. Graf Eduard von Keyserling hat von ihr gesagt, daß ein Manuskript von Fischer erst wirklich angenommen sei, wenn aus Frau Hedwigs Auge eine Träne darauf gefallen sei.

Sie war eine Frau mit vielfältigen Interessen. Dieses Haus, in dem sich alle Welt der Kunst, des Schrifttums, der Musik in freundschaftlicher Verbundenheit traf, war nicht leicht zu leiten. Aber mit ihrer Leidenschaft für alles Gute und Schöne, ihrem menschlichen Interesse und ihrer Freundschaft mit so vielen schöpferischen Menschen gelang es ihr, es zu einem Anziehungspunkt für alle diese so verschiedenartigen alten und jungen Geister zu machen. Ein jeder gehörte zu ihren Sorgenkindern, empfing ihren mütterlichen Rat und so manches Mal eine besorgte Warnung vor allzu komplizierten oder – wie ihr schien – allzu kühnen Unternehmungen. Dabei gab es heitere Situationen.

Fischers waren im Jahre 1903 zur Sommerfrische in Vitznau am Vierwaldstätter See, zusammen mit Arthur Schnitzler. Er und Fischer, zwei unternehmungslustige junge Leute, beschlossen, mit der Zahnradbahn auf den Gipfel des über 1600 m hohen Rigi, einen der schönsten Aussichtspunkte der Schweiz, hinaufzufahren, um dann zu Fuß nach Vitznau abzusteigen. Als sie in dem auf der Gipfelhöhe gelegenen Hotel anlangten, kam ihnen ein Page entgegengelaufen, ein Telegramm schwingend: BITTE NICHT ABSTÜRZEN, HEDWIG. Als sie nach zwei bis drei Stunden unten ankamen und belustigt das Telegramm zeigten, behauptete Frau Fischer, der Text sei verstümmelt und habe geheißen: »Bitte Abstieg nicht überstürzen.« Es entging ihr völlig, daß das beinahe ebenso komisch war.

Das Haus in der Erdener Straße 8 in Berlin-Grunewald war im Jahre 1905 von dem Architekten Hermann Muthesius für S. Fischer erbaut worden. Umgeben von einem aus hohen weißen Holzpfosten bestehenden Zaun hatte es eine fünfzig Meter breite Vorderfront, die durch hohe Fenster durchbrochen war. Nach außen geschwungene Mauern umfaßten einige kleine Stufen, die zu einer schön geformten weißen Tür führten, dahinter ein Gang, dessen Wände mit Reproduktionen griechischer Reliefs bedeckt waren, und die Garderobe. Von da aus gelangte man in eine weite Halle, von deren bis zur Höhe des Hauses reichenden Decke ein mächtiger Kronleuchter aus holländischem Messing herabhing. In halber Höhe schmückte ein von Karl Walser gemaltes Fresko *Ein Dichterleben* eine Wand der Halle. Auf der linken Seite der Halle führte eine geschwungene Treppe zu einer Galerie mit Türen in die Schlafzimmer, in das Spielzimmer Tuttis und die Bäder. Hier, auf dieser Galerie, konnte Tutti als kleines Mädchen gut versteckt alles beobachten, was sich in der großen Halle tat und den Hauskonzerten zuhören, die in den an die Diele anschließenden prächtigen Räumen, dem Musikzimmer, der großen Bibliothek, dem Arbeitszimmer S. Fischers stattfanden. Den Boden des Musikzimmers bedeckte ein großer Aubusson-Teppich, auf dem die zierlichen Empiremöbel, aus ehemaligem österreichischen erzherzoglichen Besitz stammend, und der große Bechstein-Konzertflügel standen. An den Wänden hingen Max Liebermanns großes Gemälde *Reiter am Meer* und gegenüber Vincent van Goghs

Hedwig Fischer, Anfang der 30er Jahre

Chataignier en Fleurs, ein großes Stilleben von Cézanne, Camille Pissarros Gemälde *Quai Malaquais*, von Paul Gauguin *Rue de Village* und von Lovis Corinth ein Blumenstilleben. Fischer hatte sie schon Anfang des Jahrhunderts erworben. Gerhart Hauptmann, als Dramatiker wahrlich ein Neuerer, konnte sich mit dem Stilwandel in den bildenden Künsten nicht abfinden. »Was hängst du dir da für verschrobene Dinge an die Wand, anstatt bei Böcklin und unseren deutschen Zeitgenossen zu bleiben?« fragte er. Es gab noch das große Eßzimmer und das kleine Teezimmer, das die später gerettete Briefsammlung Frau Hedwigs enthielt und das in den weitläufigen Garten mit seinen hohen Platanen und dem von uns oft benutzten Tennisplatz führte.

Das Haus hat die Verwüstungen des Zweiten Weltkriegs wie durch ein Wunder unbeschädigt überlebt. Es trägt jetzt neben der Eingangstür eine von mir angefertigte Bronzeplakette mit einem Profil S. Fischers, die darauf hinweist, daß hier Samuel Fischer gelebt hat.

In ihren Erinnerungen erzählt Hedwig Fischer, wie meine Frau zu ihrem Namen ›Tutti‹ gekommen ist. »Gerhart Hauptmanns *Elga*, dieses seltsame, dunkle und leidenschaftliche dramatische Gedicht, wurde am 5. März 1905 zum ersten Mal gespielt, an demselben Abend, an dem uns endlich nach langem Warten ein Töchterchen geboren wurde. Professor Strassmann stand mir bei, und es ging alles gut und glücklich vonstatten. Ich aß noch mit dem Arzt und Sami [S. Fischers familiärer Kosename] Abendbrot, und gegen Morgen, in der Nacht zum Sonntag, gegen 2 Uhr, wurde das Kind geboren, das gleich sehr reizend aussah. Fast hätten wir sie Elga genannt, aber Sami, der am folgenden Abend mit Marschalk, einem Bruder von Frau Gerhart Hauptmann, bei einem Glase Wein feierte, nannte sie Brigitte, und ich tat

Eva dazu, im Gedanken an die *Meistersinger*, die ich noch eine Woche vorher gehört hatte. Überglücklich und müde schlummerte ich beim Gesang der Vögel in den Sonntagmorgen hinein. Da der Name Brigitte für ein so kleines Kind viel zu feierlich und zu lang war, nannte ich sie Tutti, und diesen Namen hat sie auch behalten.«

»Ja gibt's denn den?«

Als ich meine Verlagstätigkeit im Oktober 1925 begann, war der S. Fischer Verlag nicht der einzige, der nach patriarchalischen Prinzipien geleitet wurde. Anton Kippenbergs Insel-Verlag, die Deutsche Verlags-Anstalt in Stuttgart, der Ernst Rowohlt und der Kurt Wolff-Verlag, der Verlag Kiepenheuer und der Piper-Verlag, sie alle gehörten in diese Kategorie unabhängiger belletristischer Verlage, die das hohe Niveau der modernen deutschen Literatur repräsentierten und mit den vergleichbaren Verlagen des Auslands in ständiger Verbindung standen und Übersetzungsrechte austauschten. So entwickelten sich freundschaftliche Beziehungen. Jedes Jahr besuchten uns die Inhaber der großen amerikanischen und englischen Verlage. Einer der uns nächsten war Ben Huebsch, Leiter der Viking Press, New York, der unter anderem die englischen Übersetzungsrechte von Gerhart Hauptmanns Gesamtausgabe von uns erwarb. Sein erster Besuch fiel ins Jahr 1925, als ich bereits im Verlag tätig war. Er sprach fließend Deutsch. Die beiden Verleger unterhielten sich vorzüglich. S. Fischer unterrichtete sich gerne über die amerikanischen, von den deutschen recht verschiedenen Verlagsverhältnisse und fragte Mr. Huebsch, ob er oder seine Vorfahren nicht aus Deutschland stammten.

»Nein, lieber Herr Fischer, meine Eltern kamen nach Amerika aus Österreich-Ungarn, aus einem kleinen, ganz unbekannten Ort: Lipto Szent Miklos!« Da saßen nun die zwei, für das internationale literarische Leben bedeutungsvollen Männer, einer in Berlin, der andere in New York, und beide stammten aus dem gleichen, auf keiner Landkarte verzeichneten kleinen Ort am Rande der Karpaten.

Im Verlauf der folgenden Jahre hatte sich S. Fischer mehr und mehr von der Leitung des Verlags zurückgezogen. Er war quasi zur legendären Figur geworden. Ende 1932, als mein Schwiegervater nur noch selten für einige Stunden des Vormittags im Verlag erschien, suchte mich ein junger, unbekannter Autor auf, dessen Manuskript ich zur Veröffentlichung angenommen hatte, um den von mir vorbereiteten Vertrag zu unterzeichnen. Nachdem das geschehen war, bat ich ihn, mir in das nebenan gelegene Büro zu folgen, um ihn dem Verleger S. Fischer vorzustellen. Er sah mich ganz erstaunt an mit der Frage: »Ja gibt's denn den?«

Vorsichtsmaßnahmen

Es war ein scheinbar sorgloses Leben in den ersten sieben Jahren unserer Ehe 1926 bis 1932, in denen uns drei Töchter – Gabriella, Gisela und Annette – geschenkt wurden, scheinbar sorglos, da die innenpolitische Lage immer deutlicher zutage treten ließ, daß schwierige Zeiten bevorstanden. Die großen Leistungen auf kulturellem Gebiet konnten immer weniger die soziale Notlage eines großen Teils der Bevölkerung überdecken. Meine immer selbständiger werdende Tätigkeit brachte mich in enge Beziehungen zu den führenden demokratisch gesinnten Kreisen und erfüllte mich mit Sorgen über ein heraufziehendes Gewitter, weil viele der führenden Persönlichkeiten in Politik und Finanzwelt den Ernst der Situation nicht sehen wollten und die gehässigen Treibereien der Hugenberg-Presse und ihrer Mitläufer mißachteten.

Die Unfähigkeit der wechselnden Regierungen, der zunehmenden Arbeitslosigkeit (4,7 Millionen) Herr zu werden, und die immer deutlicher spürbare Hetze gegen die Vertreter der demokratischen Ordnung und auch gegen viele unserer Autoren veranlaßten mich im Herbst 1932, die Verlagsverträge mit Zustimmung der Autoren in eine von mir im schweizerischen Chur gegründete ›AG für Verlagsrechte‹ einzubringen. Für den Fall der Machtergreifung waren sie so dem Zugriff der Nazis entzogen, eine Maßnahme, die wenige Jahre später den Grundstock für die im Exil gegründeten Bermann-Fischer Verlage bildete. Die Entschlüsse, die zu fassen waren, gingen weit über die Erfahrungen meines

Lebens hinaus und mußten zudem ohne den Rat oder die Zustimmung meiner Anwälte und Freunde gefaßt werden, denn sie alle glaubten nicht an die drohende Gefahr. Tutti war mein bester Kamerad in dieser Zeit der Sorge und der Unruhe und stand mir in meinen Bemühungen, Vorkehrungen zu treffen, mutig zur Seite. Mein Schwiegervater erkannte die gefährliche Entwicklung nicht mehr oder wollte sie nicht sehen, und auf meinen Hinweis auf den Straßenterror der SA gab er mir ungläubig zur Antwort: »So etwas kann doch in Deutschland nicht geschehen!« Ich konnte ihn auch nicht dazu überreden, wenigstens einen Teil seines großen Privatvermögens ins Ausland zu verlegen.

In dieser Zeit waren es vor allem die Beiträge der von Hans Zehrer redigierten, bei Eugen Diederichs erscheinenden Zeitschrift ›Die Tat‹, die mit ihrer antidemokratischen, nationalistischen Tendenz einen unheilvollen Einfluß auf die akademische Jugend ausübten. Das gilt auch für die Bücher Ernst Jüngers – trotz seines verspäteten Widerstands gegen das NS-Regime.

Ich mußte handeln. Daß wir bei einem Sieg der Nationalsozialisten Deutschland verlassen mußten, stand außer Zweifel. So baute ich zunächst im Sommer 1929 noch vor einer drohenden Devisensperre eine finanzielle Grundlage im Ausland auf: Ich verlegte das bei der Deutschen Bank in Wertpapieren deponierte Vermögen des Verlages in eine Schweizer Bank und kaufte einige Goldbarren, die ich im Schlafwagen nach Basel brachte. Nur kurze Zeit später trat 1930 die befürchtete Devisensperre in Kraft, nach der Wertpapiere zwar im Ausland bleiben konnten, Goldbesitz jedoch verboten wurde. Nolens volens holte ich unseren kostbaren Goldschatz wieder im Schlafwagen nach Berlin zurück, um mich vor etwaigen Denunziationen zu schützen. Damals ahnte ich nicht, wie bald unsere und Frau Fischers Existenz im Exil von dieser Voraussicht abhängen würde.

Als die Reichstagswahlen am 6. November 1932 den Nazis einen empfindlichen Stimmenverlust einbrachten, atmeten die Optimisten auf: Die Nazis verloren eine halbe Millionen Stimmen und 34 Sitze im Reichstag, bei Gewinnen der Deutschnationalen und der Kommunisten. Ich sammelte damals im Auftrag von Mitgliedern der preußischen Regierung Gelder für antinazistische Volksversammlungen, in denen als Hauptredner Kapitänleutnant von Mücke, ein Nationalheld des Ersten Weltkrieges, auftrat. Meine Bemühungen trafen auf kein Verständnis bei den großen Bankiers, die ich um Spenden bat. Einer von ihnen, ein Berliner jüdischer Bankier, gab mir den guten Rat, meine Tätigkeit einzustellen: »Ich wette eine Kiste Champagner mit Ihnen, daß Hitler zu Weihnachten 1932 erledigt ist.« Den Champagner habe ich nie erhalten, der Prophet gehörte zu den ersten, die 1933 emigrierten.

Samuel Fischer
Fotografie, Rohabzug von Keystone Berlin, 1934

Drei schwere Jahre

S. Fischer starb am 15. Oktober 1934 in seinem Haus im Grunewald. Von meiner Berufung Peter Suhrkamps – seit 1932 redaktioneller Leiter der ›Neuen Rundschau‹ – in den Vorstand des Verlags (Herbst 1933) hatte er kaum Notiz genommen.

Wir setzten den Vater in unserem Familiengrab auf dem jüdischen Friedhof in Berlin-Weißensee bei. Einige wenige Freunde waren anwesend – Gerhart Hauptmann und Manfred Hausmann, Oskar Loerke, Bernhard Kellermann und Otto Flake, der in dem einzigen Nachruf, der in der maßgebenden deutschen Presse erschien, schrieb:»Ich sinne der Rede nach, die einem Vertreter der deutschen Verleger angestanden hätte, wenn nämlich der Börsenverein des Deutschen Buchhandels auf den Gedanken gekommen wäre, am 18. Oktober jemanden zur Bestattung abzuordnen.« Thomas Mann schrieb in seinem Nachruf in den ›Basler Nachrichten‹:

»Unnötig zu sagen, daß der Ausgang seines Lebens trübe war. Der Untergang seiner Welt, die Zerstörung aller geistigen Bedingungen, unter denen er hatte wirken und schaffen können, die schwere Bedrohung, die stündlich auch über seinem Hause schwebte – es ist ein Glück, daß er das alles so recht wohl nicht mehr realisiert hat; aber in der Tiefe seiner sich schon verdunkelnden Seele muß er schwer darunter gelitten haben, und zweifellos hat es seine Auflösung beschleunigt. Bei unserem letzten Zusammensein war er sich schon nicht mehr jeden Augenblick ganz klar darüber, in welcher Stadt er sich befand, und äußerte zuweilen Abwegigkeiten. Plötzlich aber begann er, über einen gemeinsamen jungen Bekannten zu urteilen. ›Kein Europäer‹, sagte er kopfschüttelnd. ›Kein Europäer, Herr Fischer, wieso denn nicht?‹ ›Von großen humanen Ideen versteht er nichts.‹ Ich kann nicht sagen, wie erschüttert ich war. Da sprach, fast schon aus der Nacht, eine Generation, die größer und besser war als die, die ihr jetzt das Heft aus der Hand nimmt. Ruhe sanft, alter Sami Fischer! Mögen die Erben Deines Werkes es mit Klugheit und ohne schimpfliche Nachgiebigkeit hinüberretten in Zeiten, die von großen humanen Ideen wieder etwas verstehen werden.«

Aber es war nicht nur sein Tod, dem man die gebührende Ehrerbietung versagte, schon 1929 verweigerten die Universitäten in Berlin und in Heidelberg Thomas Mann und Hermann Hesse die Erfüllung ihres Antrags, S. Fischer den Doktor der Philosophie honoris causa zu verleihen.

Daß man uns persönlich und den Verlag drei Jahre lang einigermaßen in Ruhe und mir dadurch die Zeit ließ, die Rettung des Verlages und seine Verbringung ins Ausland vorzubereiten und die notwendigen Verhandlungen mit den ausländischen Behörden und Verlagen zu führen, ist wohl nur dadurch zu erklären, daß das Propagandaministerium damals Wert darauf legte, dem Ausland gegenüber seine ›Liberalität‹ zu beweisen. So wie die großen liberalen Zeitungen, das ›Berliner Tageblatt‹, die ›Vossische Zeitung‹ und die ›Frankfurter Zeitung‹ weiter erscheinen konnten, durfte der international bekannte S. Fischer Verlag sein Programm mit den Werken der bei den Nazis durchaus verhaßten Autoren in den Jahren 1933 bis 1936 fortführen. Liest man heute die Liste dieser Autoren, hält man im Blick auf die bald danach einsetzende brutale Unterdrückung jeder Herrn Goebbels nicht genehmen literarischen Äußerung diese scheinbare Neutralität nicht für möglich, zumal viele der weiterhin lieferbaren Bücher 1933 bei den Bücherverbrennungen den Flammen übergeben worden waren. Hier nur einige wenige Namen und Titel unter vielen anderen, die in diesen drei Jahren der Naziherrschaft vom S. Fischer Verlag verlegt wurden.

1933: Richard Beer-Hofmann, Hermann Broch, Ferdinand Bruckner, Alfred Döblin, Alfred Kerr, Thomas Mann (*Joseph und seine Brüder*, der erste Roman: *Die Geschichten Jaakobs*), Franklin D. Roosevelt, Leo Trotzki, Jakob Wassermann – insgesamt neunundvierzig Neuerscheinungen, die ziemlich ungestört vom Buchhandel verkauft wurden.

1934: Martin Gumpert, Hugo von Hofmannsthal, Annette Kolb, Mechtilde Lichnowsky, Thomas Mann (*Der junge Joseph*), Carl Zuckmayer, Friedrich Heydenau, Siegfried Trebitsch – insgesamt siebenundvierzig Titel.

1935: Martin Gumpert, Manfred Hausmann, Harry Graf Kessler, Joachim Maass, Thomas Mann (*Leiden und Größe der Meister*) – insgesamt fünfundvierzig Titel.

Für die aufziehende Barbarei waren die Bücherverbrennungen am 10. Mai 1933 ein sichtbares, aber von vielen nicht erkanntes Zeichen. Das Heine-Wort »Dort, wo man Bücher verbrennt, verbrennt man auch am Ende Menschen« wollte damals noch niemand wahrhaben. Doch Golo Mann, Jürgen Fehling, der Regisseur, Pierre Viénot, der französische Abgeordnete, und ich, die wir das von Goebbels organisierte und geleitete »dürftige Theater« (Golo Mann) in Berlin aufmerksam verfolgten, sahen die kommenden Schrecken schon voraus.

So wie sich deutsche Professoren für eine ›Aktion wider

den undeutschen Geist‹ hergaben, so schwenkten auch Teile des Buchhandels mit großer Eilfertigkeit auf den neuen Kurs ein. Das täglich erscheinende ›Börsenblatt‹ kommentierte die Bücherverbrennungen nicht, kündigte aber eine Liste »politisch oder sittlich anstößiger Bücher« an. »In der Judenfrage vertraut sich der Vorstand der Führung der Reichsregierung an. Ihre Anordnungen wird er für seinen Einflußbereich ohne Vorbehalt durchführen.« In derselben Nummer des ›Börsenblatts‹ stand auch eine Liste mit zwölf Schriftstellern, die für das deutsche Ansehen als schädigend anzusehen seien: Lion Feuchtwanger, Ernst Glaeser, Arthur Holitscher, Alfred Kerr, Egon Erwin Kisch, Emil Ludwig, Heinrich Mann, Ernst Ottwald, Theodor Plivier, Erich Maria Remarque, Kurt Tucholsky und Arnold Zweig. Diese zwölf Autoren tauchten, mit einem Kreuz versehen, auch auf der »Schwarzen Liste« auf, die am 16. Mai 1933 im ›Börsenblatt‹ erschien. Sie umfaßte hundertdreißig Schriftsteller und diente der Säuberung der Volksbüchereien. Im erläuternden Artikel war von »Schädlingen« die Rede, »die auch für den Buchhandel auszumerzen wären«.

Kein Wunder, daß sich viele zurückzogen, die Wochen zuvor häufige Gäste in der Erdener Straße gewesen waren. So Leo von König, der Frau Hedwig Fischer porträtiert und seinem Freund Meier-Graefe schon 1932 mitgeteilt hatte, er werde Hitler statt Hindenburg wählen, weil die Weimarer Republik ihn schlecht behandelt hätte. So Emil Jannings, der soeben aus den USA nach seinen großen Erfolgen im Film zurückgekehrt war und meine Frau und mich bei einer Begegnung auf der Treppe des Schauspielhauses nicht mehr kannte, obwohl wir wenige Tage zuvor bei einem Lunch mit gemeinsamen Freunden unsere alten Beziehungen wieder aufgefrischt hatten (1933).

Der Münchner Brief

Nichts illustriert besser den Gesinnungsverfall einer ganzen Gesellschaftsschicht als der im April 1933 in den ›Münchner Neuesten Nachrichten‹ veröffentlichte ›Protest der Richard-Wagner-Stadt München‹ gegen Thomas Manns Aufsatz *Leiden und Größe Richard Wagners*.

Man muß diese Lobpreisung und Würdigung des Genies Wagners und seines Werkes lesen, um die Infamie zu begreifen, mit der sich seine ehemaligen Freunde und Gesinnungsgenossen von dem Repräsentanten höchster deutscher Kultur distanzierten und sich speichelleckerisch durch ihre Unterschriften aus Feigheit dem Erzfeind Hitler, um sein Wohlwollen buhlend, zu Füßen legten.

Thomas Mann hatte am 10. Februar 1933 im Auditorium maximum der Universität München unter großem Beifall diesen Vortrag gehalten, am 11. Februar München verlassen und ihn danach in Amsterdam, Brüssel und Paris wiederholt. Am 24. Februar traf er mit Frau Katia in Arosa ein und richtete sich auf einen Erholungsurlaub von drei Wochen ein. Im April erschien der Essay dann in der ›Neuen Rundschau‹.

Den Protest, ein verlogenes, in schlechtem Deutsch von Max Amann, Hitlers Verlagsdirektor, verfaßtes Machwerk, hatten 45 Persönlichkeiten des kulturellen Lebens in München unterschrieben, viele davon Thomas Mann freundschaftlich verbunden. Verantwortungs- und Ehrgefühl hatten zwei Monate nach Hitlers Machtergreifung billigem Opportunismus Platz gemacht.

Auch wenn ich mich einer Wiederholung schuldig mache, kann ich nicht umhin, dieses Schandmal hier nochmals zum Abdruck zu bringen. Dieser Verrat einer deutschen ›Elite‹ darf nicht in Vergessenheit geraten:

PROTEST DER RICHARD-WAGNER-STADT MÜNCHEN

»Nachdem die nationale Erhebung Deutschlands festes Gefüge angenommen hat, kann es nicht mehr als Ablenkung empfunden werden, wenn wir uns an die Öffentlichkeit wenden, um das Andenken an den großen deutschen Meister Richard Wagner vor Verunglimpfung zu schützen. Wir empfinden Wagner als musikalisch-dramatischen Ausdruck tiefsten deutschen Gefühls, das wir nicht durch ästhetisierenden Snobismus beleidigen lassen wollen, wie das mit so überheblicher Geschwollenheit in Richard-Wagner-Gedenkreden von Herrn Thomas Mann geschieht.

Herr Mann, der das Unglück erlitten hat, seine früher nationale Gesinnung bei der Errichtung der Republik einzubüßen und mit einer kosmopolitisch-demokratischen Auffassung zu vertauschen, hat daraus nicht die Nutzanwendung einer schamhaften Zurückhaltung gezogen, sondern macht im Ausland als Vertreter des deutschen Geistes von sich reden. Er hat in Brüssel und Amsterdam und an anderen Orten Wagners Gestalten als eine ›Fundgrube für die Freudsche Psycho-Analyse‹ und sein Werk als einen ›mit höchster Willenskraft ins Monumentale getriebenen Dilettantismus‹ bezeichnet. Seine Musik sei ebensowenig Musik im reinsten Sinn, wie seine Operntexte reine Literatur seien. Es sei die ›Musik einer beladenen Seele ohne tänzerischen Schwung‹. Im Kern hafte ihm etwas Amusisches an.

Ist das in einer Festrede schon eine verständnislose Anmaßung, so wird diese Kritik noch zur Unerträglichkeit gesteigert durch das fade und süffisante Lob, das der Wagnerschen Musik wegen ihrer ›Weltgerechtheit, Weltgenießbarkeit‹ und wegen dem Zugleich von ›Deutschheit und Modernität‹ erteilt wird.

Wir lassen uns eine solche Herabsetzung unseres großen deutschen Musikgenies von keinem Menschen gefallen, ganz sicher aber nicht von Herrn Thomas Mann, der sich selbst am besten dadurch kritisiert und offenbart hat, daß er die *Gedanken eines Unpolitischen* nach seiner Bekehrung zum republikanischen System umgearbeitet und an den wichtigsten Stellen in ihr Gegenteil verkehrt hat. Wer sich selbst als dermaßen unzuverlässig und unsachverständig in seinen Werken offenbart, hat kein Recht auf Kritik wertbeständiger deutscher Geistesriesen.«

Hier nur einige Namen der Unterzeichner: Clemens von Franckenstein, Generalintendant der Bayerischen Staatstheater; Olaf Gulbransson (der mich bezeichnenderweise im April bat, ihm die ›Neue Rundschau‹ zuzuschicken, da er den Wagner-Aufsatz bisher nicht gelesen habe); Professor Hans Knappertsbusch, bayerischer Staatsoperndirektor; Hans Pfitzner, über dessen Oper *Palestrina* Thomas Mann einen dreißig Seiten langen Essay veröffentlicht hatte, und schließlich der Komponist Richard Strauss.

Es entbehrt nicht einer traurigen Komik, daß vier Tage später noch ein Nachtrag in der gleichen Zeitung erschien:

»Gegen Thomas Mann. Von der Generaldirektion der Staatstheater wird uns geschrieben: ›Durch einen bedauerlichen Irrtum sind bei der Protest-Liste gegen Thomas Mann einige Namen ausgelassen worden. Es sind nachzu-

tragen: Kurt Barré, Oberregisseur der Bayerischen Staats-
oper; Oberst Ritter v. Lenz, Führer des Bayerischen Stahl-
helm; das gesamte Solopersonal der Bayerischen Staats-
oper; Joseph Stolzing-Cerny, Schriftsteller.‹«
Am 9. März 1933, vier Tage nach den Reichstagswahlen, die
den Nazis einen Zuwachs auf 288 von 648 Sitzen brachten,
schrieb ich in Sorge um Thomas Manns Gefährdung bei
einer Rückkehr nach München den folgenden Brief nach
Arosa unter dem Deckmantel eines Arztes.

Lieber, verehrter Herr Professor,
Ich höre, daß Sie schon so rasch Ihre Kur abbrechen wollen. Ich halte das vom ärztlichen Standpunkt aus für v o l l -
s t ä n d i g verkehrt und würde die Kur erst dann als
beendet betrachten, wenn sich Ihr Zustand mit Sicherheit
übersehen läßt. Alles andere halte ich für nicht unbedenk-
lich, da eine so empfindliche Natur wie die Ihre im
jetzigen Augenblick der Behandlung noch unerwarteten
Attacken ausgesetzt sein kann. Eine derartige Gefährdung
Ihrer Gesundheit muß, wenn es irgend möglich ist, vermieden werden. […]
Ich wünsche Ihnen und Ihrer Gattin weiterhin gute Erho-
lung und hoffe bald wieder von Ihnen, insbesondere über
Ihre weiteren Pläne, zu hören.

Mit herzlichen Grüßen,
auch von meiner Frau
Ihr Dr Bermann

Thomas Mann beschloß nach diesem schweren denunziato-
rischen Angriff, der auch über Rundfunk in ganz Deutschland verbreitet wurde, nicht mehr nach Deutschland zurück-
zukehren.

Erst nach dem Krieg, am 23. Juli 1949, folgte er einer Einladung der Stadt Frankfurt am Main und hielt am 25. Juli in der bis zum letzten Platz gefüllten Paulskirche, sichtlich innerlich erregt, seinen Vortrag *Ansprache im Goethejahr 1949*.

Auch bei guten Bekannten, ja Freunden, machten sich unbewußte Zeichen einer gewissen Distanzierung bemerkbar, die als Antisemitismus zu bezeichnen sie damals weit von sich gewiesen hätten. Als ich bei einem Treffen mit Gerhart Hauptmann in Rapallo im Frühjahr 1933 eine von Spumante beschwingte Rede auf die Leistungen der jüdischen Deutschen auf allen Gebieten der Kultur und der Wissenschaften hielt und lebhaften Beifall von unseren anwesenden Freunden bekam, sagte Gerhart Hauptmann, tief über den Tisch gebeugt, leise vor sich hin: »Ja, mein *liiieber* Bermann, ich bin nun einmal kein Jude!« Das schien ohne jeden Zusammenhang mit meinen Worten, verriet aber doch eine tief verwurzelte Antipathie allem Jüdischen gegenüber.

Als am 5. März 1933 Hindenburg die unumschränkte Macht in die Hände dieses Verbrechers Hitler legte, konnte noch niemand das Ausmaß der Katastrophe voraussehen, die sich nun unaufhaltsam, zunächst im Inneren, ausbreitete und bald die ganze zivilisierte Welt in einen Millionen von Menschenleben kostenden Existenzkampf stürzte.

Man hatte es kommen sehen. Aber wie konnte man glauben, daß dieses Land Deutschland mit seiner hoch entwickelten Kultur, seinen führenden Geistern, die die Bewunderung der ganzen Welt erregten, sich in eine Hölle niedrigster Gesinnung und brutalster Mordlust verwandeln könnte? Von einem Tag zum anderen brach diese Welt zusammen, und keine Hilfe und Stütze, die sich diesem heillosen Unglück entgegenstellte. Unfaßbar war es für die wenigen, die noch zu sehen fähig waren, wie Männer von Rang aus allen Gebieten der Wissenschaften, der Wirtschaft, Industrie und der Armee vor diesem häßlichen, phrasendreschenden Unhold ihren Kotau machten und in schmählicher Feigheit Deutschland seinen Klauen, seinen zerstörerischen Welteroberungsplänen auslieferten.

Hunderte von Hochschullehrern versicherten schon Anfang 1933 Hitler ihrer Ergebenheit. Professor Martin Heidegger übernahm das Rektorat der Universität Freiburg im Mai 1933. Der Philosoph von *Sein und Zeit* verweigerte seinem ›nichtarischen‹ Lehrer, Professor Edmund Husserl, dem Begründer der Phänomenologie, dem man seinen Freiburger Lehrstuhl entzogen hatte, den Gruß, wenn er ihm auf der Straße begegnete, und verstieg sich zu den Worten: »Nicht Lehrsätze und ›Ideen‹ seien die Regeln Eures Seins. Der Führer selbst und allein ist die heutige und künftige deutsche Wirklichkeit und ihr Gesetz.«

Der Staatsrechtler Prof. Carl Schmitt feierte in seiner Schrift *Staat, Bewegung, Volk* (1933) die mystische Trinität des neuen Systems – die »Dreigliederung der politischen Einheit«.

Die Mediziner standen den Philosophen und Juristen nicht nach.

Der ›Völkische Beobachter‹ veröffentlichte am 23. März 1933 einen ›Aufruf des nationalsozialistischen deutschen Ärztebundes‹:

»Volksgenossen! Kollegen!

Wir Deutschen erleben in diesen Wochen mit Erschütterung und Dankbarkeit die Besinnung unseres Volkes auf sich selbst und die Werte seines Blutes. In allen Ländern und Stämmen, in allen Ständen und Berufen sehen wir das völkische Erwachen und die Abkehr von artfremden, liberalistischen Irrwegen.

Bis jetzt aber steht unser Stand noch immer abseits. Es gibt wohl kaum einen Beruf, der für Größe und Zukunft unserer Nation so bedeutungsvoll ist wie der ärztliche; kein anderer ist seit Jahrzehnten schon so straff organisiert. Aber keiner ist auch so verjudet wie er und so hoffnungslos in volksfremdes Denken hineingezogen worden.

Jüdische Dozenten beherrschen die Lehrstühle der Medizin, entseelen die Heilkunst und haben Generation um Generation der jungen Ärzte mit mechanistischem Geist durchtränkt. Jüdische ›Kollegen‹ setzten sich an die Spitze der Standesvereine und der Ärztekammern; sie verfälschten den ärztlichen Ehrbegriff und untergruben arteigene Ethik und Moral. Jüdische ›Kollegen‹ wurden in der Standespolitik maßgebend; ihnen verdanken wir, daß händlerischer Geist und unwürdige geschäftliche Einstellung sich immer mehr in unseren Reihen breitmachten. Und das Ende dieser grauenhaften Entwicklung ist die wirtschaftliche Verelendung, das Absinken unseres Ansehens im

Volk und der immer geringer werdende Einfluß bei Staat und Behörden.

Deutsche Ärzte! Wir wissen es, die Schuld an dieser Entwicklung unseres Standes liegt allein bei der fremdartigen und fremdgeistigen Führung. Aber daß diese Führung möglich war, ist unsere Schuld!

[...]

Ehre und Pflicht verlangen von uns, daß diesem unhaltbaren Zustand ein Ende gemacht wird!

Deshalb rufen wir heute die gesamte deutsche Ärzteschaft auf: Säubert die Führung unserer Organisationen, fegt alle hinweg, die die Zeichen der Zeit nicht verstehen wollen, macht unseren Stand in Leitung und Geist wieder deutsch, so wie es Reich und Volk in diesen Wochen geworden sind.

Und dann wollen wir gemeinsam an den Aufbau eines neuen Arzttums gehen zum Wohl des Volkes und des deutschen Arztes!

Nationalsozialistischer deutscher Ärztebund
gez. Dr. med. Gerhard Wagner«

Als ich Jahre später dieses Schanddokument wieder las, mußte ich an die mörderischen Experimente deutscher Ärzte an lebenden Männern und Frauen in den Konzentrationslagern denken und an das Wort meines jüdischen Chefs: »Es ist die unverbrüchliche Aufgabe des Arztes, Leben zu erhalten.« Wie konnte es geschehen, daß Ärzte ihre ethische Verpflichtung, die der Hippokratische Eid ihnen auferlegte, in verbrecherischer Weise verletzten und mitleidlos ihre Opfer zu Tode brachten? War das der »Aufbau eines neuen Arzttums zum Wohl des Volkes und des deutschen Arztes«, von dem dieser verabscheuungswürdige Doktor der Medizin die Leser des ›Völkischen Beobachters‹ zu überzeugen suchte?

Ich mußte an meine eigene ärztliche Tätigkeit denken und an die meiner Kollegen, von denen viele Juden waren. Mit welcher Hingabe kämpften sie Tag und Nacht in den Operationssälen um das Leben ihrer Patienten. Jeden Morgen um sieben Uhr stand mein Chef am Operationstisch, Tag um Tag ließ er sich über jeden einzelnen der über hundert Patienten seiner chirurgischen Abteilung von seinem Oberarzt und seinen Assistenzärzten zu persönlicher Begutachtung berichten; auf den größten Teil seines Privatlebens leistete er Verzicht.

Und was verdankt die Welt jüdischen medizinischen Wissenschaftlern! Etwa Paul Ehrlich, dessen ›Salvarsan‹ eine der furchtbarsten Geißeln der Menschheit, die Syphilis, zur Heilung brachte; den Professoren Salk und Sabin: durch ihre Impfung mit inaktiven Viren und ihre Schluckimpfung erlösten sie uns von der bisher unheilbaren Poliomyelitis (Kinderlähmung); Dr. Selman Waksman entdeckte das Streptomycin zur Heilung der Pneumonie und der Tuberkulose; Dr. Karl Landsteiner, der Entdecker der Blutgruppen, ermöglichte die gefahrlose Bluttransfusion usw.

Viele Tausende verließen Deutschland, reihten sich den ausländischen ärztlichen Organisationen ein und wirkten dort mit ihren Kenntnissen und Fähigkeiten zur Weiterentwicklung der medizinischen Wissenschaft, die in Deutschland in langsamen Verfall geriet, ebenso wie die Physik und die Chemie. 1933/1934 haben über 1600 Wissenschaftler, darunter Albert Einstein, Fritz Haber, Lise Meitner, Deutschland den Rücken gekehrt.

Gebunden durch unzerreißbar scheinende Fäden an ein friedliches Elternhaus, an das tiefberührende Kriegserlebnis, an diese glückvolle Ehe und die hohe Verantwortung, den

Im Namen des Führers und Reichskanzlers

em

Verleger Dr.med.Gottfried B e r m a n n ,

Berlin-Grunewald,

ist auf Grund der Verordnung vom 13. Juli 1934 zur Erinnerung an
den Weltkrieg 1914/1918 das von dem Reichspräsidenten Generalfeld=
marschall von Hindenburg gestiftete

Ehrenkreuz für Frontkämpfer

verliehen worden.

Berlin , den 5. November 193 4.

Der Polizeipräsident

J.v.

Nr. B.797 /34

Das Ehrenkreuz ist niemals bei GBF eingetroffen

Verlag zu schützen und zu erhalten, sahen wir das Ideal-
gebäude unseres bisherigen Lebens zusammenbrechen. Eben
war es noch für viele aus allen Gesellschaftsschichten eine
Ehre gewesen, als Gast in der Erdener Straße 8 empfangen
oder als Autor vom Verlag akzeptiert zu werden. Jetzt zeigte
sich, von einem Tag zum anderen, wo wahre Freundschaft
bestand oder leerer Opportunismus vorgeherrscht hatte.

Es gab keine Wahl. Wir standen vor einer unser ganzes Dasein verwandelnden Entscheidung. In dieser, unsere
Selbstachtung und unser Ehrgefühl verletzenden Umgebung weiterzuleben, war nicht möglich; die unmittelbare Bedrohung unseres Lebens und unserer Freiheit verlangte eine
Lösung.

Für viele unserer Freunde, die nichts zu verlieren und
nichts zu bewahren hatten, war die Flucht ins Ausland eine
schmerzliche, aber leichte Lösung. Für uns, meine Frau und
mich, für uns war es ein Entschluß von zunächst gar nicht zu
übersehenden Konsequenzen.

Bald erschienen die Hyänen bei mir im Verlag, manche mit
dem Hakenkreuz im Knopfloch, manche es heimlich hinter
dem Aufschlag ihres Jacketts versteckend, aber alle gierig,
den S. Fischer Verlag zu verschlucken, so billig wie nur möglich.

Unsere Situation wurde von Tag zu Tag prekärer. Auf der einen Seite galt es, den Verlag als die Heimstatt seiner Autoren zu erhalten, auf der anderen Seite war abzusehen, daß er nur im Ausland seine Funktion erfüllen konnte. Ich mußte oft die Frage beantworten, warum ich Deutschland ›so spät‹ verlassen hätte. Meine stereotype Antwort oder besser: meine Gegenfrage war immer: »Haben Sie schon einmal einen Verlag unter solchen Umständen ins Ausland verlegt?«

Im März 1935 schlug uns der große englische Verlag Heinemann vor, ein Gemeinschaftsunternehmen Fischer-Heinemann zu gründen. Der Plan scheiterte, weil uns die Niederlassung in der Schweiz – eine Vorbedingung von Heinemann – verweigert wurde; dabei taten sich der Feuilletonredakteur der ›Neuen Zürcher Zeitung‹ Eduard Korrodi und der durch seine antisemitische Einstellung bekannte Chef der Eidgen. Fremdenpolizei Heinrich Rothmund, der die deutschen Paßbehörden veranlaßte, auswandernden Juden ein ›J‹ in ihre Pässe einzustempeln, unrühmlich hervor. Nicht zuletzt die Schweizer Verleger fürchteten die Konkurrenz durch den S. Fischer Verlag; manche hofften wohl, durch ein Niederlassungsverbot in der Schweiz die Fortführung des Verlages verhindern zu können und so in den Besitz seiner Verlagsrechte zu kommen. Nur zwei Schweizer Kollegen stellten sich hinter uns: Dr. Emil Oprecht und der Leiter des Schweizer Vereinssortiments in Olten, Fritz Hess.

Während ich noch mit den Schweizer Behörden durch meinen Schweizer Anwalt verhandelte, erschien in meinem Hotel ein junger Schweizer Verleger und stellte mir ohne vorhergehende Präliminarien die Frage, ob ich ihm die Rechte am Werk Thomas Manns überlassen würde. Auf meine erstaunte Frage, wie er denn auf diese Idee gekommen sei, antwortete er keck: »Sie können ja doch nicht weitermachen.« So dachten viele – außer Tutti und mir.

Der einzige Ausweg aus dieser festgefahrenen Situation schien mir, mich direkt an das Propagandaministerium zu wenden, um dort die notwendige Auswanderungsgenehmigung nicht nur für meine Familie und für mich, sondern für den in Deutschland unerwünschten Verlagsteil und unseren Privatbesitz zu erhalten. Ich setzte meine Hoffnung auf mein Angebot, den in Deutschland verbleibenden Teil des Verlages mit seinen ›unbelasteten‹ Autoren unter dem Namen S. Fischer Verlag an einen dem Propagandaministerium genehmen Verleger zu verkaufen. Ganz gegen die pessimistischen Voraussagen meiner Freunde stimmte der mich höflich empfangende Leiter der zuständigen Abteilung meinem Vorschlag zu, wohl mit dem Blick auf die Wirkung im Ausland.

So hatte ich etwas Zeit gewonnen, um mit Bedacht eine Auswanderung vorzubereiten, Entscheidungen zu treffen, um den Verlag in seiner Ganzheit vor dem Zugriff der Nazis zu retten. Es war eine Herausforderung, trotz und gegen alle Hindernisse und Beleidigungen die Verlagsziele, sein Menschentum zu bewahren, Liebe mit Liebe, Freundschaft mit Freundschaft zu vergelten. Ob es nun die tödliche Bedrohung durch die Barbaren war oder die Denunziationen der unsere besondere Lage nicht verstehenden ›Freunde‹ im Exil, wir gingen unseren Weg unbeirrt zusammen und erfüllten kompromißlos das Versprechen, das wir unserem Vater noch kurz vor seinem Tode gegeben hatten: zu erhalten, was er geschaffen.

Mit Hilfe von Hermann J. Abs, der zu dieser Zeit dem Bankhaus Delbrück-Schickler vorstand und den neuen Herrschern ablehnend gegenüberstand, wurde eine Kommanditgesellschaft unter dem Namen S. Fischer Verlag KG gegründet, die gegen eine Zahlung von RM 250 000 an Frau Fischer, die Besitzerin des Verlags, die nicht zur Auswanderung bestimmten Werte und Rechte erwarb. Als Geschäftsführer wurde Peter Suhrkamp eingesetzt. Als sich die Niederlassungsverhandlungen mit den Schweizer Behörden zerschlagen hatten, bot sich uns noch eine letzte Gelegenheit: Wien. Ein schöner Traum: ein deutschsprachiger Verlag in deutschem Sprachgebiet. Aber wie lange würde Österreich mit so vielen Sympathisanten des Anschlusses unabhängig bleiben?

Wir hatten keine Wahl. Tutti war glücklich bei dem Gedanken, in vertrauter Umgebung – inmitten höchster Kultur auf allen Gebieten – nicht nur den Verlag in seiner Tradition fortsetzen, sondern ihren eigenen künstlerischen Interessen nachgehen zu können. Das Heim, das sie uns einrichtete, mit unseren Berliner Möbeln, die man uns ›großzügig‹ zur Ausfuhr freigegeben hatte, inklusive meiner Bibliothek, unseren zwei Flügeln, unseren Gemälden aus S. Fischers Sammlung, wurde eine schöne Bleibe für uns und unsere Kinder. Die 800 000 Bände unserer Autoren, die man uns mitführen ließ, bildeten den Grundstock des neuen Verlages im Exil, dem sogar erlaubt war, im ersten Jahr Bücher nach Deutschland zu exportieren.

Der Abschied von Berlin, die Trennung von den Mitarbeiterinnen und Mitarbeitern, die Unsicherheit der allgemeinen politischen Situation, all das forderte unsere Tatkraft heraus. Tutti war es, die mit ihrem Optimismus und ihrem Glauben an die Zukunft mich immer wieder aus quälenden Depressionen herauszog.

Sklavenarbeit – Der Verrat des Großbürgertums

Unser Abscheu und unsere Verachtung für die Vertreter jener Schicht, die sich Hitler und seinen Schergen auslieferten – teils im Glauben, ihn beherrschen zu können, teils um Vorteile aus der Vernichtung ihrer demokratisch gesinnten Konkurrenz zu ziehen – überwogen alle sentimentalen Gefühle: Wir trauerten unserer Identität als Deutsche nicht nach.

Wie konnte es auch anders sein bei dem schnöden Verrat einer gesellschaftlichen Elite, der wir uns bis dahin zugehörig gefühlt hatten? Führende Persönlichkeiten der Großindustrie, wie Fritz Thyssen und Albert Voegler (Vereinigte Stahlwerke), der Kohlen- und Eisenmagnat Emil Kirdorf, Georg von Schnitzler von der I.G. Farben und Alfried Krupp von Bohlen und Halbach, der Münchner Verleger Hugo Bruckmann und der Klavierfabrikant Edwin Bechstein, deren Frauen Hitler in die Müncher Gesellschaft eingeführt hatten, dazu einige der Großbanken spendeten Millionen Mark für die Finanzierung der Nazi-Partei. Dr. Hjalmar Schacht, ehemaliger Präsident der Reichsbank, schrieb Hitler 1931: »Sie können auf mich zählen als Ihren zuverlässigen Helfer. Mit einem kräftigen Heil!«[*]

Hunderttausende von jüdischen Deutschen aller Klassen und Berufe, die bei ihrer Einlieferung in die Konzentrationslager arbeitsfähig erklärt worden waren, wurden in den Jah-

[*] Siehe: William L. Shirer, *Aufstieg und Fall des Dritten Reiches*, 1961, und Karl Dietrich Bracher, *Die deutsche Diktatur*, 1970.

ren der Nazi-Diktatur von der Großindustrie zu Sklavenarbeit eingesetzt und bis zu ihrer völligen Erschöpfung ausgenutzt; der ersparte Lohn kam den Bilanzen zugute.

Waren sie durch unzureichende Ernährung, Seuchen und Krankheiten nicht mehr arbeitsfähig, wurden sie in die Vernichtungslager wie Auschwitz verbracht, wo man sie mit Giftgas ermordete und in den von deutschen Firmen gelieferten Verbrennungsöfen vernichtete. Vorher hatte man ihnen noch die Goldfüllungen ihrer Zähne herausgebrochen und diese zusammen mit Ringen und anderem Schmuck an die Reichsbank abgeliefert, und zwar in solchen Mengen, daß der damalige Reichsbankpräsident Walther Funk weitere Sendungen wegen Platzmangels ablehnte.

Nach Aussage des Lagerkommandaten von Auschwitz, Rudolf Höß, wurden dort etwa zweieinhalb Millionen Menschen, täglich etwa sechstausend, durch Zyclon B, eine kristallisierte Blausäure, vergast. Aber keineswegs alle Gefangenen – die noch Arbeitsfähigen steckte man in die Fabriken von I.G. Farben und Krupp.

Alfried Krupp von Bohlen und Halbach (1907–1967) verurteilte das Nürnberger Militärgericht 1948 zu zwölf Jahren Haft und Einziehung seines Vermögens, doch wurde er nach einer Amnestie bereits 1951 entlassen bei Zurückerstattung seines auf 45–50 Millionen Pfund Sterling geschätzten Vermögens.* Einem gewöhnlichen Mörder hätte man solche Vergünstigungen gewiß nicht gewährt.

Durch meine langjährige Freundschaft mit Mr. Shepard Stone, Mitarbeiter des amerikanischen High Commissioner John Jay McCloy, war ich nach Kriegsende über diese Vorgänge informiert. Wie die meisten in der amerikanischen

---

* Robert Wistrich, *Wer war wer im Dritten Reich?* 1987.

Zone tätigen Amerikaner glaubte er, daß ein Wiederaufbau der deutschen Wirtschaft ohne die als Kriegsverbrecher verurteilten Industriellen nicht möglich sei, das belastete unsere Beziehung. Es konnte doch nicht ausbleiben, daß in den wichtigsten Berufszweigen – der Politik, der Justiz, der Lehrerschaft, der Medizin – ehemalige Nazis die unmenschliche Ideologie als Grundlage ihrer Tätigkeit beibehielten.

Ich habe den Dirigenten Thomas Baldner, Sohn meines Freundes Max Baldner, jenes begnadeten Cellisten des weltberühmten Klinglerquartetts und Solocellisten, um einen Bericht über das Schicksal seines nichtjüdischen Vaters gebeten:

»Im September 1944 wurde mein Vater im Verlauf der steigenden Hysterie nach dem Attentat auf Hitler am 20. Juli in einer Nacht- und Nebelaktion verhaftet. Es handelte sich dabei um eine späte Strafaktion der Nazis gegen die Männer, die ihren jüdischen Frauen die Treue gehalten und sich bei jeder Gelegenheit schützend vor sie gestellt hatten durch all die Jahre hindurch [...] Er wurde mit Hunderten anderer zu den Leuna Werken, zu den I.G. Farben gehörend, in der Nähe von Halle transportiert, die zu diesem Zeitpunkt nahezu täglich unter schweren Bombenangriffen lagen. Dort zu ›leben‹ galt auch für normale Bürger als ›Himmelfahrtskommando‹. Mein Vater war damals schon herzkrank, war schweren Angina Pectoris-Attacken ausgesetzt und körperlicher Arbeit in dem Ausmaß, das ihm bevorstand, durchaus nicht gewachsen.

Es gab aber kein Entrinnen. Die Männer arbeiteten zwölf, vierzehn, sechzehn Stunden am Tag an der Beseitigung der Bombenschäden, d. h. an dem Zuschaufeln von Bombentrichtern, Räumung von Schutt und Hilfeleistung bei der Entschärfung von Blindgängern. Sie lebten unter übelsten Voraussetzungen in Holzbaracken ohne jeden Schutz vor Kälte oder Fliegerangriffen [...] Mein Vater hielt die schwere Arbeit natürlich nicht aus. Nur durch die Intervention eines Familienfreundes, der noch einigen Einfluß bei den Nazibehörden besaß, kam er im Dezember 1944 frei. –

Er lebte noch anderthalb Jahre nach Kriegsende und starb im September 1946 an einem Herzinfarkt, mitten aus seiner nun wieder blühenden Arbeit heraus, die ihm in kürzester Zeit höchstes Ansehen in der Berliner Musikwelt zuteil werden ließ.«

Tutti und ich waren glücklich über den wohl einmaligen »glücklichen« Ausgang dieser Leidenszeit unseres Freundes und halfen, wie wir nur konnten, mit Lebensmittelpaketen. Erst nach seinem Tod, bei meiner ersten Reise nach Deutschland im Jahre 1947, stand ich, als der bisher unbekannte Sender, vor ihrer Tür, von den drei Kindern umjubelt, als ich mich zu erkennen gab.

Der Bermann-Fischer Verlag, Wien

Es war natürlich auch ein guter Teil Abenteuerlust beim Wiener Neuanfang im Spiel, getragen von der unerschütterlichen Überzeugung von dem hohen Wert der Sache, für die wir kämpfen wollten. Das Verlagsbüro der Bermann-Fischer Verlag GmbH nahm im März 1936 sogleich seine Tätigkeit auf. Mit Dr. Viktor Zuckerkandl, vordem Musikkritiker der ›Vossischen Zeitung‹, einem eminenten Literaturkenner, als Lektor, mit Dr. Justinian Frisch, dem früheren Direktor der aufgelösten Wiener Druckerei des Ullstein Verlages als Herstellungsleiter, und mit dem bisherigen Leiter der Theaterabteilung des S. Fischer Verlages, Dr. Konrad Maril, waren die wichtigsten Posten vorzüglich besetzt. Für die Buchhaltung und die Verwaltung der Autorenrechte fanden sich zuverlässige und erfahrene Mitarbeiter. So konnte im Mai 1936 die Auslieferung unserer Bücher aus dem großen Lagerbestand, den wir aus Berlin nach Wien transportiert hatten, beginnen.

Das erste Verlagsprogramm konnte sich sehen lassen: von den mit uns emigrierten Autoren erschienen unter anderem der zweite als Neuauflage und der dritte Roman von Thomas Manns vierbändigem Werk *Joseph und seine Brüder*, Hofmannsthals *Andreas* mit einem Nachwort von Jakob Wassermann, Hesse *Stunden im Garten*, Mechtilde Lichnowskys Roman *Der Lauf der Asdur*, Carl Zuckmayer *Salwàre*; neu hinzu kamen Julien Green *Mitternacht*, Jean Giraudoux' Stück *Kein Krieg in Troja* (übersetzt von Annette Kolb), Hans von Hammerstein-Equort – österreichischer Justizminister –

BERMANN-FISCHER VERLAG
GES. M. B. H.
WIEN III. ESTEPLATZ 5

TELEFON: U-17-4-74
TELEGRAMM-ADRESSE: BERMANNFISCHER
BANKKONTO: ÖST. CREDITINSTITUT FÜR ÖFFENTL. UNTERNEHMUNGEN U. ARBEITEN
POSTSPARKASSEN-KONTI: WIEN 58.250, ZÜRICH VIII. 15056, PRAG 501424.

Dem geehrten Buchhandel zeigen wir hierdurch die Begründung eines neuen Verlagsunternehmens an, dessen Leitung Herr Dr. GOTTFRIED BERMANN-FISCHER, bisher Vorstandsmitglied der S. FISCHER VERLAG A. G., BERLIN, innehat. Wir übernehmen aus dem Verlag S. Fischer, Berlin, die bisher dort erschienenen Werke nachverzeichneter Autoren. Die Neuerscheinungen für den Herbst sind in Vorbereitung und werden demnächst dem Buchhandel durch unsere Reisenden und durch Anzeigen und Prospekte bekanntgegeben werden.

Die Auslieferung der in unseren Verlag übergehenden Werke sowie der Neuerscheinungen erfolgt durch die Firma R u d o l f L e c h - n e r & S o h n , W i e n I. Seilerstätte 5 (für Holland und Kolonien, Belgien und Luxemburg durch die Firma v a n D i t t m a r , A m s t e r d a m , Singel 95).

Wir bitten den verehrlichen Sortimentsbuchhandel um tätige Verwendung für unsere Verlagswerke.

Mit vorzüglicher Hochachtung
BERMANN-FISCHER VERLAG

Wien, den 15. Juli 1936

Zirkular für den Buchhandel

Die gelbe Mauer und Ralph Roeder *Savonarola* in der neu-
gegründeten Schriftenreihe ›Ausblicke‹, die die in Berlin
zurückgelassene ›Neue Rundschau‹ ersetzen sollte, Thomas
Mann *Freud und die Zukunft*. Es folgten bald Werke von
Rudolf Borchardt, Jean Giono, Moritz Heimann, Franz
Körmendi, Annette Kolb, Arthur Schnitzler und von Robert
Musil *Der Mann ohne Eigenschaften* (1938, Erstausgabe 1930
bei Rowohlt und jetzt in Deutschland verboten) und eine
Reihe von non-fiction-Werken wie die *Schopenhauer*-Biogra-
phie von Walther Schneider und in der Schriftenreihe ›Ausblicke‹ Nikolai Berdiaeff *Die menschliche Persönlichkeit und die
überpersönlichen Werte*, Paul Claudel *Vom Wesen der holländischen Malerei*, von Paul Valéry *Die Politik des Geistes*. Der
große Glücksfall war der unerwartete, noch heute andauern-
de Erfolg der Biographie *Madame Curie. Leben und Wirken*
von ihrer Tochter Eve Curie.

Erfolg und Mißerfolg im Verlag hängen oft an einer Au-
genblicksentscheidung für oder gegen ein Manuskript, das
einem ins Haus schneit. Eine mir bis dahin ganz unbekannte
französische literarische Agentin brachte mir das Manuskript
der Biographie der weltberühmten Entdeckerin des Radi-
ums. Obwohl meine Kenntnis der französischen Sprache
nicht ausreichte, um es selbst zu lesen, entschloß ich mich sofort zur Annahme, allerdings unter der Voraussetzung, daß
Eve Curies Schwester, Madame Irène Joliot-Curie, selbst
Nobelpreisträgerin, die wissenschaftliche Zuverlässigkeit
des Manuskripts bestätigen würde. Das Lektorat rühmte die
außerordentliche Qualität des Buches; 32 000 Exemplare
waren innerhalb weniger Monate verkauft.

Das Haus in der Wattmanngasse

Unser Haus ganz in der Nähe des Schlosses von Schönbrunn entwickelte sich rasch zu einem Treffpunkt aller, die am geistigen Leben in Wien teilnahmen. Es war wohl die schönste und fruchtbarste Zeit unseres Privatlebens. Thomas Mann kam zu Besuch und las seinen berühmt gewordenen Brief an den Dekan der Philosophischen Fakultät der Universität Bonn vor, der ihm mit unleserlicher Unterschrift die Aberkennung des Doctor phil. honoris causa mitgeteilt hatte. Bruno Walter musizierte mit Tutti, drei Musikersöhne aus dem benachbarten, ehemals von Johann Strauß bewohnten Haus kamen zur Kammermusik herüber, und die vielen österreichischen Schriftsteller wie Franz Werfel mit Alma, Robert Musil, Alexander Lernet-Holenia, Richard Beer-Hofmann, Siegfried Trebitsch, der Shaw-Übersetzer, und viele der jüngeren Generation erfreuten sich an unserer guten Küche und an unseren Heurigen-Festen im Vorhof unseres Hauses, wo man an langen, weißgedeckten Tischen tafelte.

Eine groteske Geschichte war der von Gerhart Hauptmann angekündigte Besuch anläßlich der Aufführung der *Ratten* im Burgtheater. Er bat uns, die Wiener Prominenz bei einem Empfang in unserem Haus zu versammeln, und so luden wir etwa achtzig bekannte Künstler ein. Drei Tage vor dem festgesetzten Datum mußten wir auf Wunsch Hauptmanns die Sache absagen, da er Schwierigkeiten für sich befürchtete, wenn er sich im Hause eines so im öffentlichen Leben stehenden Emigranten feiern ließ. Noch Jahrzehnte später machte mir eine prominente Schauspielerin lachend

Vorwürfe, da sie sich für den festlichen Anlaß ein kostspieliges Abendkleid hatte anfertigen lassen. Hand in Hand mit dem damaligen deutschen Botschafter in Wien, Franz von Papen, erschien Hauptmann in der Kaiserloge der ›Burg‹, um die Huldigungen des österreichischen Publikums entgegenzunehmen. Am nächsten Abend kam Hauptmann mit seiner Frau heimlich, sozusagen inkognito, zum Abendessen in unser Haus – mit tausend Entschuldigungen und lahmen Begründungen.

Mit dem Besitzer unserer Buchbinderei hatte ich mich angefreundet, ohne zu erwarten, daß ich eines Tages seine mir recht fremden Hobbies mit ihm teilen sollte. Er besaß im Garten seines Hauses eine Kegelbahn, auf der ich mich mit ihm messen mußte, obwohl ich diesen Sport nicht ausstehen konnte. Nachdem das überstanden war, drückte er mir ein Gewehr in die Hand: Jagd auf Rebhühner war der nächste Programmpunkt – wieder eine Betätigung, die mir durchaus zuwider war. Mein Jagderfolg war demgemäß total negativ, während er selbst unter der reichen Beute schier zusammenbrach. Dann lud er mich zum Ribiselwein, einem alkoholreichen Johannisbeerwein, in ein nahe gelegenes Beisel ein. Da ich das wohlschmeckende Getränk und seine Wirkung nicht kannte, blieben die Folgen nicht aus. Nach wenigen Gläsern befand ich mich, um es milde auszudrücken, im Zustand leichter Trunkenheit, was meinen Freund nicht hinderte, mich zur Hasenjagd aufzufordern. Über ein Stoppelfeld schritten wir mit angelegter Flinte nebeneinander, ich leise schwankend, als plötzlich vor mir ein Hase aufsprang, den ich völlig unbeabsichtigt mit einem Schuß erlegte. Da sich sonst kein Hase mehr zeigen wollte, besuchten wir den Jagdhüter meines Freundes. Der freundliche Mann erzählte uns, daß er in einem für seine schwangere Frau bestimmten Zimmer ein

Reh untergebracht habe, das er uns gern überlassen würde. Es war in der Tat ein hübsches Tier, das auf dem einzigen Möbelstück, einem breiten Sofa, auf- und niedersprang. Vom Ribiselwein noch immer beschwingt, beschloß ich, das Rehlein meinen Töchtern mitzubringen. In der Wattmanngasse war große Begeisterung, die Kinder brachten es in unseren kleinen Garten, wo Greta sich in einer rasch aufgebauten Umzäunung mit Schokolade füttern ließ. Als ich einige Wochen später mit meinem Auto in die Wattmanngasse einbog, begegnete ich unserer Köchin, die mit einem völlig zerfetzten Rock das Reh in den Armen hielt. Greta war, der Gefangenschaft müde, über die Umzäunung gesprungen und in den Hof des am Straßenende gelegenen Gerichtsgebäudes gelaufen, wo unsere Köchin es mit Hilfe einiger Schokoladenstückchen einfangen konnte. Nur ihr Rock war den scharfen Hufen des Rehs zum Opfer gefallen. Wir brachten das Tier in den Schönbrunner Zoo, wo es immer herbeieilte, wenn die Kinder Greta riefen.

Flucht aus Wien, März 1938

Die schönen und erfolgreichen Jahre in Wien begannen sich langsam in gefahrdrohender Weise zu wandeln. Als die Schweiz uns und dem Verlag die Niederlassung im Jahr 1935 verweigert hatte, war uns die – zunächst noch nur im Hintergrund drohende – Gefahr einer Besetzung Österreichs durch die Nazis wohl bewußt gewesen. Aber wir hatten keine Wahl. Ein deutschsprachiger Verlag im fremdsprachigen Ausland erschien uns damals nicht möglich.

Österreich hatte sich uns in den zwei Jahren als ein friedliches, lebenslustiges, kultiviertes Land gezeigt mit einer Bevölkerung, die ihren tief verwurzelten Antisemitismus, ihre Nazibegeisterung und ihren Wunsch nach Anschluß an Deutschland wohl zu verbergen wußte. Der Mord an Kanzler Engelbert Dollfuß durch österreichische Nazis am 25. Juli 1934 war schon fast vergessen, zumal Mussolini damals seine Truppen an der österreichisch-italienischen Grenze aufmarschieren ließ und mit Einmarsch drohte, falls Hitler den Anschluß mit Gewalt zu erzwingen suchte. Immer wieder gab sich die Welt der Hoffnung hin, daß Hitlers Eroberungspläne ihr Ende gefunden hätten.

Am 11. März 1938, ich hatte mich eben zu kurzer Ruhe hingelegt, rief unser Freund Johannes Hollnsteiner, Professor für kanonisches Recht, der zu den nächsten Freunden des Bundeskanzlers Schuschnigg gehörte, an, um uns mitzuteilen, daß die deutsche Armee an der Grenze aufmarschiert sei. Deutsche Flugzeuge kreisten über Wien, weißbestrumpfte Burschen – ihr Zeichen für die Zugehörigkeit zu den Nazis –

durchzogen die Straßen, sangen das Horst-Wessel-Lied und brüllten »Juden raus«. Das Ende war da. Ich leerte meine Schreibtischschubladen in einen Koffer, Tutti packte das Nötigste, und die Kinderschwester kleidete die drei kleinen Mädchen zur Abreise an. Zum Glück konnte ein Angestellter des österreichischen Reisebüros, den meine Frau kannte, ihr für den Nachtzug nach Rapallo, wo sich Frau Hedwig Fischer gerade aufhielt, zwei Schlafwagenabteile reservieren. So blieben wir noch ein paar Stunden, die ich dazu benutzte, von meinen Mitarbeitern Abschied zu nehmen. Aus allen Fenstern flatterten die Nazifahnen – wo hatten die Wiener sie wohl alle her? Da wir noch gültige deutsche Pässe hatten, der meine ausgestellt auf den Namen Dr. med. Gottfried Bermann, passierten wir ohne Schwierigkeiten die Bahnsteigsperre – wir sahen noch, wie man Inhaber von österreichischen Pässen zurückwies – und bestiegen unseren Rettungszug, der sich wenige Minuten später gen Rapallo in Bewegung setzte. Als der Zug an der österreichischen Grenze hielt, erwarteten wir aufgeregt eine Kontrolle der Grenzbeamten. Aber bis hierher hatte sich offenbar die Naziherrschaft noch nicht ausgedehnt. Wir atmeten auf, als der Zug sich wieder in Bewegung setzte und über die italienische Grenze in die Freiheit fuhr.

Wie unsere Kinderschwester, die noch in unserem Haus verblieben war, später berichtete, erschienen schon am nächsten Morgen nach unserer Flucht drei SS-Männer und fragten nach mir. »Abgereist.« »Hat der ein Schwein«, konnten sie nur noch sagen.

Dieses Mal waren wir nicht als Sommergäste in Rapallo angekommen, aber wie früher ließen wir uns, als wäre nichts Besonderes geschehen, mit einem Taxi in das von uns geschätzte Hotel ›Excelsior‹ bringen, wo uns der Chef des

Hauses erfreut begrüßte. Er geleitete uns in die prächtigen Zimmer, die uns von früher her bekannt waren. Auf dem langen Korridor kam uns Gerhart Hauptmann entgegen, erhob seine Arme und rief: »Der Traum von Heinrich Heine ist in Erfüllung gegangen. Wien wird die Hauptstadt Europas!« Kein Wort der Freude darüber, daß wir entkommen waren, wie zum Beispiel von Thomas Mann, Hermann Hesse, Otto Flake und anderen Freunden, die sich bei Frau Fischer telegraphisch besorgt nach unserem Ergehen erkundigt hatten. Kein Wort über den Verlust all dessen, was wir noch vor zwei Jahren aus Berlin gerettet hatten: unsere Wohnungseinrichtung mit Tuttis kostbaren Instrumenten, meine Bibliothek von Erstausgaben, unsere Gemälde und das gesamte Buchlager unserer großen, in Deutschland verbotenen Autoren. Ich habe Gerhart Hauptmann, dessen Gesinnung sich ja schon 1933 in seinem Artikel *Ich sage Ja!* im ›Berliner Tageblatt‹ deutlich gezeigt hatte, bis zu seinem Tod nicht mehr wiedergesehen.

In Rapallo ließen wir die Kinder in Frau Fischers Obhut und setzten unseren Weg nach Zürich fort, um dort weitere Beschlüsse zu fassen. Zürich war ein Heerlager von österreichischen Flüchtlingen, alle ratlos, fast alle verzweifelt. Bei einer solchen Zusammenkunft am 28. März 1938 mit unseren Freunden Werfel, Zuckmayer und anderen begann einer von ihnen, von Schweden und Stockholm zu schwärmen. Er mußte dort wohl eine große Liebesaffäre gehabt haben. Da kam mir plötzlich die Idee, mich an den Chef des großen schwedischen Verlags Bonnier zu wenden mit der Frage, ob er mir bei der Gründung und Niederlassung eines deutschsprachigen Exilverlages in Stockholm behilflich sein könnte. Wie so oft in meinem Leben gereichte mir die Eingebung einer Sekunde zum Glück. Ich kannte zwar den Chef des

Hauses, Karl Otto Bonnier, nicht persönlich, aber jahrzehntelange geschäftliche Beziehungen – Bonniers hatten von uns die schwedischen Übersetzungsrechte von Thomas Mann, Hermann Hesse, Jakob Wassermann und vielen anderen unserer großen Autoren erworben – gaben mir den Mut, an den unbekannten Verlegerfreund zu schreiben. Umgehend kam seine Antwort: Er sei wegen seines hohen Alters aus der Verlagsleitung ausgeschieden, habe aber seinen Sohn Tor, der jetzt der Chef des Hauses sei und sich in Genf aufhalte, benachrichtigt, und dieser würde von sich hören lassen. Er selbst stünde dem Gedanken mit Sympathie gegenüber.

Es war der 17. April 1938, der Ostersonntag, als ich Tor und seine Gattin in einem Genfer Hotel aufsuchte und nach kaum einer Stunde freundschaftlicher Besprechung seine Zustimmung erhielt, alle notwendigen Schritte zur offiziellen Niederlassungsgenehmigung der G. B. Fischer Aktiebolag zu unternehmen, an der er sich gemäß dem schwedischen Gesetz mit 51 Prozent beteiligen wollte. Jetzt, 1938, trug die Gründung der schweizerischen AG für Verlagsrechte in Chur, in die ich alle Verlagsrechte des S. Fischer Verlages eingebracht hatte, ihre Früchte. Sie stellten meine Beteiligung an dem schwedischen Verlag in Höhe von 49 Prozent dar.

Da wir nicht wußten, wie sich unser Leben in Stockholm gestalten würde, brachten wir unsere Kinder zunächst nach England in eine Boarding School auf der Isle of Wight und setzten unsere Reise allein in das unbekannte Stockholm fort, wo wir uns, von Tor Bonnier und seiner Frau bei unserer Ankunft am 3. Mai 1938 aufs herzlichste begrüßt, in einer kleinen Pension niederließen. Ganz besonders beglückend war der Empfang, den uns einige Tage später der Seniorchef Karl Otto Bonnier und seine Gattin Lisen bereiteten. Ihr Haus im Djurgarden, dem großen, an der Stadtgrenze gelegenen Park, repräsentierte die Weltliteratur und nahezu alles, was Skandinavien im letzten Jahrhundert an großen Schriftstellern hervorgebracht hatte. Zu dem hundert Jahre alten Verlag gehörten neben Großdruckereien und Zeitschriften wichtige Bank- und Industrieinteressen und die größte schwedische Zeitung ›Dagens Nyheter‹.

So viel Herzlichkeit und Verbundenheit hatten wir nicht erwartet. Ich war glücklich, daß ich in solcher Umgebung neu beginnen und Tutti und den Kindern eine neue Heimstatt in einem Lande schaffen konnte, in dem die Achtung vor der Würde des Menschen noch zu den Grundlagen des Lebens gehörte.

Niemals hat mich der Gedanke verlassen, was wohl meiner Familie, meiner Frau, meinen drei kleinen Töchtern und mir selbst geschehen wäre, wenn wir dem nach unserer Flucht aus Wien von Thomas Mann oft geäußerten Wunsch gefolgt wären, uns mit Querido in Amsterdam zu assoziieren. Meine Ablehnung hätte beinahe zum Bruch mit Thomas Mann geführt. Nur meine von dem großen schwedischen Verlag geförderte Niederlassung in Stockholm und die Aufnahme einer gewissen Zusammenarbeit mit den beiden holländischen Verlagen Querido und Allert de Lange bei Aufrechterhaltung vollständiger Selbständigkeit hat uns vor der Vernichtung durch die Nazis bei der Besetzung Hollands bewahrt.

Am frühen Vormittag des ersten Tages in der kleinen Pension klingelte es an unserer Tür. Ein kleiner Herr mit einem steifen schwarzen Hut auf dem Kopf stellte sich mir als Walter Singer vor. Er habe gerade in ›Dagens Nyheter‹ gelesen, daß der aus Deutschland ausgewanderte S. Fischer Verlag sich mit Hilfe des Hauses Bonnier in Stockholm niederzulassen gedenke. Er selber sei 1917 aus Moskau, wo er als Bankangestellter und Korrespondent für das ›Berliner Tageblatt‹ gearbeitet habe, geflohen; als erfahrener Kaufmann und literarisch gebildeter Mensch der deutschen und schwedischen Sprache mächtig, wolle er sich als Mitarbeiter anbieten und bei den ersten Schritten des BFV behilflich sein. Meine Einwände, ich sei gerade erst angekommen und müßte mich erst mit der neuen Umgebung vertraut machen, wischte er hinweg. Als erstes benötige ich ein Verlagsbüro und eine zweisprachige Sekretärin, und dafür werde er zunächst einmal sorgen. Ich würde wieder von ihm hören. Damit verschwand er.

Schon zwei Tage später erschien er wieder mit seinem steifen schwarzen Hut, der ihm wie angenagelt auf dem Kopf saß, und berichtete, er habe ein äußerst preiswertes, mitten in der Stadt am Stureplan gelegenes, kleines Büro ausfindig gemacht, das er sogleich mit mir besichtigen wolle, außerdem sei eine intelligente, deutsch und schwedisch sprechende Sekretärin bereit, für den neuen Verlag zu arbeiten. Auf Tutti und mich machte der Herr Singer einen so zuverlässigen Eindruck, daß wir zu allem ja sagten und zu unserem Erstaunen noch am gleichen Tag über ein hübsches, kleines Office und eine sympathische Sekretärin verfügten, ganz zu schweigen von dem tatenfrohen, praktischen künftigen Geschäftsführer, der alle Anfangsschwierigkeiten ausräumte. Daß das Büro besonders imposant war, kann ich nicht behaupten, aber es genügte unseren bescheidenen Ansprüchen in den nächsten zehn Jahren, und wir entwickelten dort eine höchst ungewöhnliche verlegerische Tätigkeit und Produktion. Drei Räume bildeten einen langen Schlauch, im hintersten war mein Office mit einem Schreibtisch, zwei Stühlen und einem Telefon, davor Singers Buchhaltung und Justinian Frischs Herstellungsabteilung an zwei Schreibtischen und am Eingang ein kleines Zimmer, das der Sekretärin auch als Empfangsraum diente.

Justinian Frisch, der mit Singer den Verlag zehn Jahre lang durch alle Fährnisse steuerte, war bei der Besetzung Österreichs von den Nazis als vermeintlicher Nichtarier sogleich in ein KZ verbracht worden, aus dem ich ihn mit Hilfe Bonniers nach Schweden bringen konnte. Das Lektorat konnte ich wieder mit Dr. Viktor Zuckerkandl besetzen, den es mit Hilfe seines Freundes Furtwängler aus Österreich herauszuholen gelang. Die schon in Deutschland und in Wien gepflegte Freundschaft mit dem erfahrenen Literaten vertiefte sich noch; täglich beriet er uns und erledigte die Routinearbeit bei sich zu Hause.

Während unseres kurzen Zwischenaufenthaltes in Zürich hatte ich die Buchgemeinschaftsrechte an *Madame Curie*, über die ich dank meiner in Chur deponierten Verträge verfügte, an die Büchergilde Gutenberg in Zürich verkauft, die der Politiker Hans Oprecht, Bruder des Buchhändlers und Verlegers Emil Oprecht, leitete. Die Bedingung war, 10000 Exemplare für den Stockholmer Verlag mitzudrucken. So war ich im Sommer 1938, wenige Wochen nach unserer Flucht aus Wien und der Niederlassung in Stockholm, zum Erstaunen meiner skeptischen Freunde in der Lage, dem Buchhandel und den am deutschen Buch interessierten Lesern insbesondere in der Schweiz diesen Erfolgstitel als erste Produktion des neuen Bermann-Fischer Verlages, Stockholm, anbieten zu können und damit den Verlagsbetrieb erfolgreich zu eröffnen.

Ungebrochenen Mutes begannen wir, ein literarisches Programm zusammenzustellen, das in der freien Welt Eindruck machen würde. Dem günstigen Umstand, daß ich über die Verlagsrechte aller meiner im Exil lebenden Autoren verfügte, stand der verpflichtende Wunsch dieser Autoren gegenüber, ihre nicht mehr lieferbaren Werke, d. h. neben den Einzelwerken vor allem die Gesamtausgaben von Thomas Mann, Arthur Schnitzler, Hugo v. Hofmannsthal, Franz Werfel, Carl Zuckmayer, neu aufzulegen. Dazu hätte es eines großen Kapitals bedurft, ganz abgesehen davon, daß das Absatzgebiet für deutsche Bücher nach der Besetzung Österreichs und später der Tschechoslowakei, Hollands, Polens und Ungarns sich auf die Schweiz, die USA und einige Städte Südamerikas beschränkte.

Ich begann zunächst mit der Veröffentlichung von neuen Büchern, da die Hauptwerke der deutschen Literatur in der ersten Hälfte des 20. Jahrhunderts weit verbreitet waren und ich mit größerem Interesse für Neuerscheinungen deutscher Bücher im Exil rechnete. So erschienen 1938 Martin Gumpert *Dunant. Der Roman des Roten Kreuzes*, der Roman von Franz Körmendi *Der Irrtum*, Karl Otten *Torquemadas Schatten* (Roman), Carl Zuckmayers Erzählung *Herr über Leben und Tod* und von Thomas Mann zunächst nur *Achtung, Europa! Aufsätze zur Zeit* und *Dieser Friede*. Von unserem Bestseller *Madame Curie* verkauften wir in unserem dezimierten Absatzgebiet die Auflage von 10000 Exemplaren. Auch die Schriftenreihe ›Ausblicke‹ wurde fortgesetzt mit Johan Huizinga *Der Mensch und die Kultur*, mit Franz Werfels Rede *Von der reinsten Glückseligkeit des Menschen* und Carl Zuckmayers autobiographischem Bericht *Pro domo*. 1939 begann ich mit dem Wiederaufbau der Gesamtausgaben in Einzelbänden. Die Stockholmer Gesamtausgabe Thomas Manns eröffnete der neue Roman *Lotte in Weimar*, dazu *Der Zauberberg* mit einer Einführung für die Studenten der Universität Princeton. 1945 erschien der erste Band der Gesamtausgabe von Hugo von Hofmannsthal, herausgegeben von Herbert Steiner, zunächst auf zwölf Bände angelegt, während Franz Werfel mit Gedichten und *Der veruntreute Himmel* und Stefan Zweig mit seinem Roman *Ungeduld des Herzens* schon 1939 zu uns kamen.

Von Bedeutung für die spätere Entwicklung des deutschen Taschenbuchs waren die 1939 gemeinsam mit den beiden holländischen Emigrationsverlagen Allert de Lange und Querido produzierten *Forum-Bücher* mit einer außerordentlich klangvollen Autorengarnitur. Meinen Plan, eines Tages nach dem Ende des Krieges eine Taschenbuchserie herauszubringen, habe ich niemals aufgegeben und ihn später, trotz aller Widerstände, realisiert. Aber noch viel Wasser mußte den Rhein hinunterfließen, bis es soweit war.

Unser Leben in diesem schönen Lande, das uns so gastfreundlich aufgenommen hatte, verlief in den ersten beiden Jahren 1938 und 1939 arbeitsam und friedlich. An die neuen klimatischen Verhältnisse, an die frühe Dunkelheit der Herbst- und Wintermonate und die nächtliche Helligkeit des Sommers hatte man sich bald gewöhnt. Wir bezogen ein schönes Appartement in einer der kleinen Neubausiedlun-

gen am Rande der Stadt. Unsere Kinder, die wir in Begleitung von Freunden zu uns geholt hatten, besuchten die französische Schule und sprachen bald ein nahezu akzentfreies
Schwedisch, wie auch meine Frau die Sprache schnell erlern-
te. Mir gelang es nicht. Aber Deutsch war eine Art Umgangs-
sprache der gebildeten Kreise, so daß sich niemals Verständi-
gungsschwierigkeiten ergaben.

Von der weltverändernden Entdeckung der Spaltung des
Atomkerns des Urans durch Beschuß mit langsamen Neu-
tronen durch Otto Hahn und Lise Meitner in diesem Jahr
1938 erfuhr ich nur indirekt durch Justinian Frisch, dessen
Sohn Assistent von Lise Meitner gewesen war. Er berichtete
auch, daß holländische Physiker Lise Meitner aus Deutschland ›entführt‹ hätten und daß ihr in Amsterdam die Wiederholung der Kernspaltung gelungen sei. Von der Übersied-
lung Lise Meitners nach Stockholm wußten wir nichts; erst
in den USA hörten wir dann von der Verbindung Lise Meitners zu dem dänischen Physiker Niels Bohr und später vom
Manhattan-Project bis hin zum ersten Einsatz einer Kern-
waffe am 6. August 1945 in Hiroshima.

Bonniers stellten uns für den Sommer ihr auf einer Halb-
insel gelegenes Blockhaus in Dalarö mit einem zauberhaf-
ten Blick auf Hunderte von kleinen Inseln zur Verfügung.
Im Winter stürzten wir uns in das reiche Kulturleben, vor
allem begeisterte uns die Oper unter der Leitung von Fritz
Busch, dessen *Così fan tutte* unter der Regie seines Sohnes
Hans unvergeßlich bleibt. Auch dem verführerischen Smör-
gasbröd erlagen wir gerne, und die nahe liegenden nörd-
lichen Regionen bescherten uns herrliche Skitouren. Voller
Hoffnung für eine weitere ruhige Existenz und eine einigermaßen befriedigende verlegerische Arbeit verlief das
Jahr 1938. Aber der 9. November mit der systematischen

Bonniers Ferienhaus in Dalarö, 1938

Mit den Kindern in Dalarö, 1938

Verfolgung der Juden in Deutschland, der Zerstörung der Synagogen und der Verschleppung unzähliger Juden zerschlug alle Träume einer Idylle jenseits der fürchterlichen Realität.

Die Reaktion in Schweden auf das brutale Vorgehen der Nazis war Empörung und zugleich Schrecken und Angst. Zum ersten Mal begriffen viele Schweden, die bisher den grauenvollen Berichten aus Deutschland keinen Glauben geschenkt hatten, was dort vor sich ging. Aber wie es meist geschieht: Die Gemüter beruhigten sich bald wieder, und man wendete sich erfreulicheren Ereignissen zu.

Mitte August 1939 trafen aus aller Herren Ländern Schriftstellerdelegationen in Stockholm zum Internationalen PEN-Kongreß ein, der am 1. September beginnen sollte. Thomas Mann kam aus Amerika am 25. August in Stockholm an. Er sollte mit dem Vortrag *Das Problem der Freiheit* eines der Hauptreferate übernehmen. Voller Vorfreude auf unser Zusammensein bereiteten wir eine Begrüßungsfeier mit den Bonniers in ihrem Sommerhaus in Dalarö vor, bei der ich eine kleine Rede auf unsere beiden Ehrengäste, Katia und Thomas Mann, hielt.

Wenige Tage zuvor, am 23. August 1939, war die Nachricht vom deutsch-russischen Nichtangriffspakt eingetroffen; am 1. September entfesselte Hitler den Zweiten Weltkrieg: Deutsche Truppen marschierten in Polen ein. Den äußeren Anlaß dazu bot ein vorgeblicher Überfall auf den Sender Gleiwitz durch polnisches Militär. Man fand zwei Tote in polnischen Uniformen, die einwandfrei als deutsche Gefängnisinsassen identifiziert werden konnten, ermordet und in polnische Uniformen gesteckt dienten sie Hitler als Beweis für einen kriegerischen Überfall Polens auf deutsches Gebiet.

Frankreich und England erklärten am 3. September 1939 Deutschland den Krieg.

Der Kongreß wurde abgesagt. Thomas Mann und Frau Katia flogen mit einem Flugzeug der KLM am 9. September von Malmö über Amsterdam nach London, von unseren ängstlichen Gedanken begleitet. Die Morgenzeitungen hatten gemeldet, daß ein Flugzeug der KLM auf dem Wege nach England von deutschen Kampfflugzeugen beschossen worden war. Katia schrieb uns später, die Stewardeß habe in aller Unschuld erzählt, die letzten zwei Tage sei das Flugzeug von deutschen Bombern umkreist worden, die durch alle Fenster die Reisenden in Augenschein nahmen, und sie hätte sehr bedauert, daß ›Tommy‹ sich nicht durch eine blaue Brille und rote Perücke unkenntlich gemacht habe.

Alle unsere Bemühungen, Frau Fischer von der Gefahr, in der sie schwebte, zu überzeugen, waren durch Jahre hindurch vergeblich. Als eines Tages im Jahre 1938 unser treuer Freund Joachim Maass, kurz vor seiner eigenen Auswanderung, Frau Fischer im Grunewaldhaus besuchte und sie warnte, sie möge doch nicht so laut über ihre Abneigung gegen Hitler sprechen, es seien Leute im Nebenzimmer, meinte sie ganz unschuldsvoll: »Ach, das sind nur Telefonarbeiter!«

Erst im Frühjahr 1939 – kurze Zeit vor den radikalen Maßnahmen gegen die Juden und dem Beginn ihres Abtransportes in die Konzentrationslager – konnten wir sie bewegen, zu uns nach Stockholm zu kommen. Die Auswanderungsgenehmigung mußte sie mit dem Verlust ihres ganzen großen Vermögens bezahlen, inklusive des Kaufpreises der Kommanditisten. Nur ein paar ihrer Möbel und ihre Privatkorrespondenz erlaubte man ihr mitzunehmen und den großen Bechstein-Konzertflügel. Als wir 1940 Schweden verließen und in die Vereinigten Staaten auswanderten, folgte sie uns 1941, fand aber nicht mehr die Kraft, dort ein neues Leben zu beginnen. Frau Fischer verfiel in schwere Melancholie, die auch anhielt, als wir sie nach dem Krieg wieder nach Deutschland zurückbrachten, wo sie in Königstein im Oktober 1952 starb. Ein trauriges Ende für diese einzigartige Frau, um die sich eine Welt von Schönheit und hoher Kultur entwickelt hatte. Auch sie ein Opfer dieser verruchten Barbarei in einem Deutschland, in dem sie Kultur, Herzensgüte und Geschmack repräsentiert hatte. In tiefem Mitleiden mußten wir dieses traurige Ende erleben.

Immer neu stellte sich die Frage, ob die friedliche Welt Schwedens erhalten bliebe. Böse Vorzeichen gab es bereits für den, der Augen hatte zu sehen und Ohren zu hören. Und meine Sinne waren durch frühere Erfahrungen geschärft. Eine Stockholmer Abendzeitung begann mit pronazistischen Meldungen, die öffentliche Meinung zu beeinflussen, das Personal der Deutschen Botschaft vermehrte sich in auffallender Weise, im Schaufenster des deutschen Reisebüros, in einer der Hauptstraßen Stockholms gelegen, prangten die deutschen Siegesnachrichten aus Polen, und selbst manche unserer schwedischen Freunde, die sich bisher nur mit Abscheu über das Naziregime geäußert hatten, wurden unsicher. Anonyme Anrufer belästigten uns in der Firma und forderten die Schließung des Verlages.

In dieser gespannten Situation suchte mich auf Empfehlung eines in London lebenden Autors ein Mitglied des englischen Secret Service auf, der in Stockholm stationiert war. Er bat mich um Mithilfe bei der Verteilung antinazistischen Aufklärungsmaterials in Deutschland. Daß er über Sprengstoff verfügte, um im Falle eines Überfalls durch die Nazis die Hafenanlagen Stockholms in die Luft zu jagen, verschwieg er. Da mir eine treue Angestellte des Wiener Verlages die Kartothek mit den Adressen von Lesern der Bücher des S. Fischer Verlages nach Schweden geschickt hatte, etwa 20000 an der Zahl, bot ich Mr. Alfred Rickman – so hieß er – an, diese Adressen auf Kuverts kopieren zu lassen, die dann mit interessantem Inhalt, wie dem Brief Thomas Manns an den Dekan der Universität Bonn oder seiner Rede *Das Problem der Freiheit*, von schwedischen Seeleuten, die deutsche Häfen anliefen, in die deutschen Briefkästen gesteckt wurden. Ich dachte, viele Empfänger nähmen die Sendungen als ein Zeichen geistigen Widerstands, ahnte aber nicht, welche Folgen mir daraus erwachsen würden.

Als mein Lektor Dr. Zuckerkandl einem Ruf an ein amerikanisches College Folge leistete, bewarb sich um seine Nachfolge ein aus Rußland nach Stockholm geflüchteter jüdischer Journalist, Emanuel Birnbaum. Da er, wie sich in vielen Diskussionen zeigte, über ein ausgedehntes literarisches Wissen verfügte und offensichtlich ein hochgebildeter Mann von unserer politischen Gesinnung war, engagierte ich ihn. Es ergab sich sogleich eine zufriedenstellende Zusammenarbeit, die mich stark entlastete.

Auch in Schweden verdüsterte sich langsam der Horizont. Der Ausbruch des finnisch-russischen Krieges 1939, zwei Monate nach Beginn des Zweiten Weltkrieges, brachte weitere Beunruhigung. Die Anteilnahme an dem Schicksal des Nachbarvolkes und die Hilfsbereitschaft Schwedens waren nicht überwältigend, und es zeigte sich in gewissen Kreisen, insbesondere bei Militär und Polizei, eine Hinneigung oder versteckte Sympathie mit Deutschland und eine Rücksichtnahme auf dessen sowjetischen Verbündeten.

Als am 9. April 1940 zunächst drei deutsche Divisionen in Norwegen landeten und das schwedische Parlament den deutschen Truppen den Transport nach Norwegen über schwedisches Gebiet gestattete, mußten wir uns entschließen, wieder Abschied zu nehmen und nach England oder den USA zu fliehen. Bert Brecht und seine Frau, die auch in Stockholm lebten, wollten unbedingt über Finnland per Flugzeug nach den USA, was mir nicht besonders gefiel, zumal wir durch die Vermittlung Rickmans englische Visa für die ganze Familie in unseren noch gültigen deutschen Pässen hatten. Der direkte Weg über den Atlantik war bereits versperrt, die einzige Möglichkeit, nach England zu kommen, führte über die Vereinigten Staaten. Außer dem unsicheren Weg über Finnland gab es nur die Route per Flugzeug über Lettland nach Moskau, dann mit der Transsibirischen Eisenbahn nach Wladiwostok, von da per Schiff nach Japan und schließlich über den Pazifik nach San Francisco und Los Angeles.

Die Beschaffung der Visa für die vielen Länder, die wir berühren würden, war ein Verwirr- und Geduldspiel. Jedes Konsulat, das wir um ein Durchreisevisum baten, forderte zunächst das Visum des folgenden Landes, um sicher zu sein, daß wir nicht dableiben wollten. Da wir das englische Visum bereits hatten, erteilte uns der amerikanische Konsul in Stockholm anstandslos das Visitor-Visum für die USA. So zierte sich auch der japanische Konsul nicht. Mit diesem Visum in unseren Pässen eilten wir auf das russische Konsulat, wo es angesichts des Visums für Japan keine Schwierigkeiten gab. Fehlte nur noch das Visum für den Anfang unserer Reise – den Flug von Stockholm über Riga (Lettland) nach Veluki Luki, dem russischen Flughafen –, das der lettische Konsul auf eingeklebte leere Zusatzseiten in unsere Pässe stempelte. Ganz wohl war mir nicht bei dem Gedanken, als Verleger von Trotzki und deutscher Emigrant womöglich von den Russen bei der Paßkontrolle an der Grenze festgehalten oder zurückgeschickt zu werden. Kurzentschlossen fragte ich den russischen Attaché, ob es für uns Schwierigkeiten geben könnte nach Abschluß des Paktes mit Deutschland, worauf ich von dem freundlich lächelnden Vertreter Rußlands die Antwort erhielt: »Sie können ganz beruhigt sein. Wir haben einen Vertrag mit Deutschland, aber wir sind nicht befreundet.«

Schutzhaft

Am Abend des 19. April 1940 – drei Tage vor unserer Abreise, wir saßen bereits auf gepackten Koffern – läutete es an der Haustür, und zwei Kriminalbeamte durchsuchten das Haus und ließen keinen Schrank und keinen Topf in der Küche unbeachtet. Ohne jede Erklärung nahmen sie mich mit ins Polizeigefängnis, wo ich eine schlimme Nacht verbrachte, in Sorge um Tutti, die ich allein und ohne Hilfe hatte zurücklassen müssen. Erst am nächsten Tag klärte mich mein Anwalt über die näheren Umstände auf. Mr. Rickman war wegen des Besitzes von Sprengstoff verhaftet worden. Meine flüchtige Verbindung mit ihm war der schwedischen Polizei von mir zunächst unbekannter Seite bekannt geworden. Während etwa zwanzig Schweden, die mit Rickman zu tun gehabt hatten, gemäß dem schwedischen Gesetz nach drei Tagen mangels Tatverdacht freigelassen wurden, konnte man mich als Ausländer auf unbestimmte Zeit in Schutzhaft festhalten.

Fünf Wochen verbrachte ich in einer Gefängniszelle mit einem Bett, einem Tisch, einem Stuhl und einem Fenster aus Dutzenden von kleinen Kristallglasscheiben, in denen sich eine Kirche der Nachbarschaft spiegelte. Morgens mußte das Bett an die Wand geklappt und die Bettwäsche durch einen langen Gang in einen dafür bestimmten Raum getragen werden.

Auf einem dieser Gänge traf ich den an der Wand stehenden Emanuel Birnbaum, der mir, als ich vorüberging, zuflüsterte, ich möchte mich doch um seine Frau kümmern. Am nächsten Morgen teilte ich meinem Anwalt Birnbaums Bitte mit, doch er erklärte mir kategorisch, ich dürfe in keinerlei Beziehung zu Birnbaum und seiner Familie treten, dieser habe sich Dinge zuschulden kommen lassen, die einem deutsch-jüdischen Emigranten nicht nachgesehen werden könnten. Als sein Pflichtverteidiger kenne er die Einzelheiten genau. Ich war völlig perplex und ohne jede Vorstellung, was da vorgefallen sein mochte. Die Hintergründe erfuhr ich nach Ende des Zweiten Weltkrieges. Mein neuer Lektor, Emanuel Birnbaum, war Anfang April nicht im Verlag erschienen. Anfragen bei seiner recht verwirrten Frau ergaben, daß er wegen eines verdächtigen Briefwechsels mit Deutschland verhaftet worden sei. Offensichtlich hatte sich Birnbaum von einem Mitarbeiter der deutschen Botschaft, der sich als Nazigegner ausgab, bereden lassen, einen ihm angeblich als Widerstandsmann Bekannten in Deutschland mit Rickman und dessen schwedischer Organisation in Verbindung zu bringen. Mit unsichtbarer Tinte, die er nebst geeignetem Federhalter von dem Botschaftsangehörigen empfangen hatte, hatte Birnbaum neben gut leserlichen harmlosen Mitteilungen seinem angeblich antinazistischen Vertrauensmann in Deutschland sämtliche mit Rickman in Verbindung stehende Personen, darunter auch mich, namhaft gemacht. Daß seine Post von der schwedischen Polizei kontrolliert und entziffert wurde, ahnte er nicht. Der angebliche deutsche Antinazi hatte auf raffinierte Weise die schwedische Polizei, die recht nazifreundlich war, auf Birnbaums Korrespondenz aufmerksam gemacht. Wie sonst wäre sie darauf verfallen, die Briefe eines völlig unbedeutenden Emigranten auf unsichtbare Tinte zu untersuchen. Heute ist mir klar, daß der naive Birnbaum in eine Falle geraten war.

Birnbaum wurde zu acht Monaten Gefängnis verurteilt, während Alfred Rickman acht Jahre Zuchthaus erhielt. Daß man diesen tapferen Mann, der eindeutig im Auftrag der englischen Regierung und durchaus im Interesse Schwedens den Widerstand gegen einen drohenden Überfall Schwedens nach der Besetzung Norwegens vorbereitete, so hart bestrafte, war eine schreiende Ungerechtigkeit, diktiert von der Angst der Regierung, Hitler möchte es der schwedischen Regierung verübeln, daß sie sich mit einer Ausweisung des englischen Agenten begnügte. Birnbaum dagegen konnte sich nach Abdienung seiner Strafe während der ganzen Kriegszeit frei in Stockholm bewegen.

Zweieinhalb Monate wurde ich insgesamt festgehalten. Vom Polizeigefängnis hatte man mich in der fünften Woche ins Untersuchungsgefängnis überführt, wo ich Tutti öfters sehen und sprechen und ungehindert mit ihr korrespondieren konnte. Bei ihren kurzen Besuchen erfuhr ich das Neueste von den Ereignissen an der Front: Einnahme von Dünkirchen am 4. Juni, Besetzung von Paris zehn Tage später, die deutschen Armeen bereit zur Invasion Englands.

Was mich aufrechterhielt, war meine Korrespondenz mit Tutti. Fast sechzig Briefe tauschten wir in diesen Wochen aus. Ich bin noch immer tief von ihnen berührt, obwohl sie mehr als fünfzig Jahre zurückliegen.

10. Mai 1940

Liebster, soeben kommt Dein Brief, wie glücklich macht mich jedes Deiner Worte.

Leider ist seit heute Nacht der Krieg in eine weitere furchtbare Phase eingetreten, die Deutschen sind in Holland und Belgien einmarschiert. Ich wollte gerne, daß Du das durch mich zuerst erfährst, und da ich Dich erst morgen früh um 9 Uhr sehen kann, so schreibe ich es Dir schon heute. Vielleicht bringt dieser neue Schlag über-

haupt die Entscheidung? Geschäftlich ist wohl gar nichts
zu unternehmen im Augenblick für uns. Vielleicht sind
die Bücher überhaupt längst unterwegs*. Aber all das
scheint so unwichtig und nichtig gemessen an der Größe,
der furchtbaren Größe des Geschehens. Ich glaube für uns
hier eher an eine weitere Entspannung, denn dort müssen
sich ja jetzt alle Kräfte konzentrieren. Sei ruhig bis ich
Dich morgen früh in meine Arme schließen kann.
Ich denke jetzt eigentlich Tag und Nacht an unsere Zukunft. Ich glaube an uns so stark wie vielleicht schon lange
nicht, und das liegt vor allem an Deiner wunderbaren
Kraft, der inneren, die sich in Deinen Briefen dokumen-
tiert. Ich werde mich sehr anstrengen müssen, Dir eben-
bürtig zu sein, aber ich werde mich sehr anstrengen, das
sollst Du wissen!

Immer Dein Du T.

Stockholm
Mittwoch, d. 22. V. 40

Ach Du mein Liebling, wie schön war es Dich heute zu sehen und Deine Hand einen Augenblick spüren zu können.
Wenn es auch nur 5 Minuten waren, in denen wir vor lauter »wichtigen« Fragen des täglichen Lebens, das ja nun
eben weiterläuft, keine Zeit fanden, uns ein Wort der
Liebe zu sagen. Aber mit den Augen taten wir es, über den
Tisch, der uns trennte, hinweg. – Hast Du Mut, mein
Tutt; ich hoffe es. Das ist meine Hauptsorge. Wenn ich
weiß, daß Du nicht zu traurig und mutvoll bist, quält mich

---

* GBF hatte einige tausend in Holland hergestellte und eingelagerte Bände
nach Stockholm schicken lassen.

meine Sehnsucht nach Dir nicht so sehr, weil sie dann nicht mit Sorge um Dich vermischt ist. – Vor einigen Wochen, an einem Sonntag, einem dieser schrecklichen Sonntage, an denen die Welt einfach stillsteht, weil kein Dienst ist und alles liegen bleibt, so daß ein ganzer langer Tag verloren geht, damals hatte ich 3 Tage nichts von Dir gehört. Mich peinigte die Vorstellung, es müßte Dir etwas zugestoßen sein, denn sonst hätte ich einen Brief, eine Sendung, irgend etwas von Dir bekommen. Erwägungen nützten nichts. Es war qualvoll. Und plötzlich öffnete sich am späteren Nachmittag die Tür und man brachte mir einen Brief von Dir – welches unsagbare Glück! Das zu erleben. Ja, diese Türen. Das Rasseln und das an Metall Anschlagen der Schlüssel, das Zufallen der Türen, Schritte, Stimmen, halbzuverstehende Gespräche, alles das wird nun bedeutungsvoll, aufschlußreich, auch erschreckend und drohend. Ein Schritt nähert sich – nein, er geht vorüber – wieder Verhör? – plötzlich schlägt der Schlüssel an die Tür, sie öffnet sich – wer kommt? – »Ihre Frau.« – Oh, welches Glück. Du stehst schon da, Du Liebe. – Dabei bin ich unglücklich darüber, daß du solche Wege gehen mußt. [...]* Gewiß, sie tun ihre Pflicht und die allermeisten sind sogar menschlich, freundlich, hilfsbereit und höflich. Aber was wissen sie von uns – unseren Gedanken, Erlebnissen, unserem Wissen?

* Strich des Zensors

Liebste

Nun, ich will nichts verlangen – d. h. ich bin zu der Erkenntnis gelangt, daß man nichts verlangen kann. Ich stehe den Menschen mit tiefstem Pessimismus gegenüber. Sie haben das einzige moralische Grundgesetz, das ihnen die Religion gab, verloren – denn sie glauben nicht mehr – verblieben sind noch einige restliche Bestände von gesetzlich Zugelassenem und Verbotenem – einige Überbleibsel, deren Innehaltung und Beachtung vor dem Strafgesetz schützt und dem Bürger das Gefühl seiner Hochanständigkeit erlaubt. Auch dieser Restbestand schwindet restlos dahin, wenn es etwa, wie in Deutschland, einer Partei gelingt, an die Macht zu kommen, die die moralischen Grundgesetze von Gut und Böse aufhebt. In keinem Lande Europas würde das heute noch auf ernstlichen Widerstand stoßen, am allerwenigsten aber in den sogenannten neutralen Ländern, sofern es noch welche gibt. Nur die Gefährdung des Besitzes vermag noch den Bürger aus seinem Dämmerschlaf moralischer Teilnahmslosigkeit zu erwecken. Dann erwacht er, allerdings nicht zur Moral, sondern lediglich oder im Gegenteil zu der Erkenntnis, daß er nun schleunigst dort Anschluß suchen müsse, wo man seinen Besitz schützt, und er bringt eine erstaunliche Gehässigkeit und Brutalität gegen alles und jedes auf, was ihn daran hindern würde und etwa zur Verteidigung von Recht, Sitte, Glauben aufruft. Er hat sich also selbst aufgegeben und flieht schutzsuchend in die Arme seines früheren Feindes. Möge seine Erkenntnis noch rechtzeitig kommen! Die nächsten Tage können die Entscheidung bringen!

Liebste,

Ich bin jetzt nicht im Stande, mich zu irgend etwas Be-
stimmtem für die Zukunft zu entschließen, abgesehen
davon, daß ich mit Euch allen so schnell wie möglich nach
Amerika will. Berufliche Pläne zu machen ist im Augenblick unmöglich. Wir müssen froh sein, daß wir leben und
zusammen sein können und wollen täglich beten, daß uns
das auch weiterhin vergönnt sein möge. [...] Wir müssen
sehen, so wenig wie möglich zu verbrauchen. Es bleibt die
Hoffnung, daß dieser Krieg nicht ewig dauert, daß die
Verhältnisse sich wieder ändern. Vor allem aber werde ich
nach einer gewissen Zeit wohl in die Lage kommen, wieder
etwas zu unternehmen und zu verdienen. Wann das sein
wird, kann ich jetzt nicht sehen. Aber es wäre auch bei der
augenblicklichen Lage gefährlich, sich in Abenteuer zu
stürzen. Erst sehen, abwarten – dann [...] und wohlüber-
legt sich entschließen. – Vielleicht gehen wir doch ganz
aufs Land – vielleicht setzen wir die Verlagstätigkeit in
irgend einer Form fort. Vielleicht wird es zunächst eine
gewisse literar. Arbeit sein, die mich fesselt – oder die Medizin. Dafür ist es, glaube ich, zu spät. Ich habe kaum mehr
Kontakt und nicht das Verlangen, das ich früher hatte.
Wir wollen also Geduld haben und nun einmal zuerst ganz
für uns leben – nur für uns. Wir wissen jetzt, mehr als je,
was das bedeutet. – Um den Zusammenhang nicht zu verlieren müssen wir aber zuerst nach U. S. A. Das weiß ich
jetzt, soweit man etwas wissen kann, sicher. Oder ich bilde
es mir ein. Was wissen wir schließlich? Oder sagen wir –
ich habe das Gefühl, daß es gut u. richtig wäre, mit all diesen Leuten dort zu reden, insbesondere aber mit Th. M. u.
den Geschäftsfreunden. Es kommt noch hinzu, daß ich der

einzige der drei Verleger bin, der dann in U. S. A. frei verfügen könnte. Gewiß aber wollen wir uns dort nicht auffressen lassen. Das wird nicht ganz leicht sein. – Ob die Kinder in ein College kommen sollen, werden wir ebenfalls dort sehen. Wir werden das dann in Ruhe entscheiden. – Endgültiges gibt es ja vorläufig für keinen Europäer, wo es auch sei. Vielleicht für die Amerikaner auch nicht – diese wissen es bloß noch nicht so gut wie wir.

Viel wird natürlich davon abhängen, wielange wir in U. S. A. bleiben können. Auch das können wir erst beurteilen, wenn wir drüben sind.

Für jetzt also – und bis zur Ankunft in New York gilt die Devise: »So schnell u. so gut wie möglich hinüberkommen.« An nichts anderes ist jetzt zu denken!

alles übrige findet sich dann – wie es sich immer bisher mit Gottes Hilfe gefunden hat. –

Eben jetzt, gegen 6 Uhr nachmittags kam Dein Brief vom heutigen Tage zusammen mit einem von Hans [Busch] und Deiner roten Rose. Ich wollte gerade wieder anfangen, melancholisch zu werden. So ist mir nun geholfen. – Unangenehm ist nur jetzt das zeitige Aufwachen. Ich bin schon um 4 Uhr früh wach und habe dann mich recht und schlecht bis 6 Uhr herumzuquälen. – Ich freue mich auf den morgigen Besuch.

G.

Brigitte Bermann-Fischer
Askrikegatan 15

am 4. Juni

Liebster,

soeben kam Dein lieber Brief vom 2. Juni und hat mich so glücklich gemacht. Obwohl wir uns inzwischen sehen

und sprechen konnten, ist so ein Brief von Dir ein kostbarer Besitz. Du sollst keinesfalls in Sorge um mich sein,
ich hoffe, daß ich Dich selbst auch davon überzeugen kann,
wenn ich bei Dir bin. Uns geht es so gut, wie es einem
heute nur gehen kann, und manchmal habe ich fast das
Gefühl, daß es uns besser geht als den meisten anderen
Menschen, trotz allem, trotz Deiner und unserer Leiden!
Und das ist gut so, nicht wahr? Auch bei mir kommen
Momente der Ungeduld und Unruhe und vor allem der
Sehnsucht nach Dir, wenn ich Dich sehe, aber wie leicht
habe ich es im Gegensatz zu Dir, da ich mich an den Kin-
dern trösten kann und da ich umgeben bin von lieben
Menschen wie Hilla [Fischer] und Hans [Busch], die mir
Beide jeden Wunsch von den Lippen lesen.
Daß Du die *Buddenbrooks* aus der Bibliothek bekamst, ist
sehr nett und wert an Tommi berichtet zu werden. Ich
telegraphierte ihm und Hendrik [Willem van Loon] heute
ausführlich und bat Beide alles für unsere Ankunft in San
Franzisko vorzubereiten und ich schreibe ihnen heute
noch ausführlicher darüber.
Ich freue mich wahnsinnig darauf, mit Dir in einem Flugzeug, Bahn oder Schiff zu sitzen, an Deiner Seite ungestört, das darf ich doch?
Leb wohl, Liebster, bleib gesund und pflege Dich so gut es
geht, das ist die Hauptsache, damit Du stark bist für die
kommende Reise, ja?
Ich werde vergnügt und mutig sein und bin es schon,

Küsse
T.

Auf dem Balkon der Stockholmer Wohnung, Juni 1940,
ein Tag vor der Abreise nach USA

Am 21. Juni 1940 war mein Elend zu Ende. Wozu ich mich zweieinhalb Monate früher entschlossen und alle Vorkehrungen getroffen hatte, nämlich Schweden zu verlassen, wurde mir jetzt durch königlichen Ausweisungsbefehl aufgezwungen. Man hätte sich nicht so sehr darum bemühen müssen!

Erst jetzt lernte ich die anfeuernde Rede Churchills vom 4. Juni vor dem House of Commons kennen, ein Fanal zum Widerstand gegen Hitlers Invasionspläne, ein Aufruf, der seine Wirkung nicht verfehlte. Die deutschen Armeen standen am Kanal, um nach England überzusetzen. Die Invasion Englands schien eine Frage von Tagen zu sein.

Churchill sagte:

»Auch wenn große Teile Europas und viele altbekannte Staaten in die Fänge der Gestapo und des ganzen grauenhaften Systems der Naziherrschaft geraten sind oder geraten werden, wir werden nicht wanken noch weichen. Wir werden bis zum Ende weitergehen, wir werden kämpfen in Frankreich, wir werden kämpfen zur See und auf den Ozeanen, wir werden kämpfen mit wachsender Zuversicht und wachsender Stärke in der Luft, wir werden unsere Insel verteidigen, welche Opfer es auch immer kosten mag, wir werden kämpfen an den Küsten, wir werden kämpfen an den Landeplätzen, wir werden kämpfen auf den Äckern und in den Straßen, wir werden kämpfen in den Bergen, wir werden niemals kapitulieren, und wenn, woran ich nicht einen Augenblick glaube, unsere Insel oder ein Teil von ihr unterjocht und ausgehungert wird, dann wird unser überseeisches Reich, bewaffnet und beschützt von der britischen Flotte, den Kampf weiterführen, bis die Zeit gekommen ist, in der die Neue Welt mit all ihrer Macht und Kraft zur Errettung und Befreiung der Alten Welt antritt.«*

Mit gewaltiger Kraft setzte jetzt die Mobilisierung aller Verteidigungs- und Angriffskräfte Englands ein, die zunehmenden Erfolge seiner Luftwaffe und seines Flugabwehrsystems zeigten Hitler, mit welch unbeugsamem Abwehrwillen er zu rechnen hatte. Völlig unerwartet traf dann Hitlers Befehl ein, die Panzer am Kanal aufzuhalten und die Invasion Englands aufzugeben.

Ich mußte an eine ähnliche Entscheidung des Generalstabschefs Helmuth von Moltke 1914 im Ersten Weltkrieg denken, der den gewaltigen Vormarsch der deutschen Armee, schon fast im Angesicht von Paris, an der Marne anhielt und damit den jahrelangen Stellungskrieg verursachte, der schließlich zur Niederlage Deutschlands führte. Mit unserem wiedergewonnenen Glauben an die Widerstandskräfte der Welt gegen die Barbarei, den ich schon fast verloren hatte, traten wir am 22. Juni 1940 unsere Reise nach den USA an und verließen den Kontinent, der uns so viel geschenkt und so viel genommen hatte.

---

* Zitiert nach Shirer, *Aufstieg und Fall des Dritten Reiches*, 1961.

Dritte Auswanderung: USA

Meine Frau hatte zum Glück alle Visa, Bahn- und Schiffs-
reservierungen verlängern können. So flogen wir am 22. Juni
1940 ab. In Moskau, wo wir uns nur zwei Tage aufhielten,
fuhr uns ein deutschsprechender junger Russe durch die von
Elend gezeichnete Stadt, zeigte uns mit Stolz die Wassilij-
Kathedrale, die man jetzt als Kino benutzte, und führte uns
schließlich zum Reisebüro, wo man uns kühl mitteilte, daß
unsere Erste-Klasse-Reservierungen für den Transsibirischen Expreß an einige hohe russische Beamte abgegeben
werden mußten und wir uns mit zwei Kabinen der Holzklas-
se mit je vier Betten zu begnügen hätten. Was das für die vier-
zehntägige Reise bedeutete, wußten wir noch nicht. Aber
auch das ging vorüber, diese Fahrt durch das riesige Land,
dessen Steppen in der brütenden Junihitze von wundervollen
Blumen bedeckt waren und dessen Städte, in denen wir ab
und zu hielten, das gleiche Elend zeigten, das wir in Moskau
gesehen hatten. Jedes Mal drängten sich bei solchen Fahrt-
unterbrechungen zerlumpte Menschen um unsere Wagen-
fenster und bettelten um Zigaretten.

In Tuttis Abteil gab es je zwei übereinanderliegende Holzbetten, so daß wenigstens Platz für unser Gepäck vorhanden
war. Im Abteil daneben waren ebenfalls vier Holzbetten,
zu je zwei übereinander angeordnet. Zwei davon bezogen
Hans Busch, dessen Eltern im gleichen Flugzeug Schweden
verließen, die aber ihre Erste-Klasse-Kabine behalten konnten, und ich; auf den beiden anderen ließen sich ein schwedischer Student und der amerikanische Universitätsprofessor

Bellquist nieder, der in Uppsala als Gastprofessor tätig gewesen war. Wegen seines nicht sehr höflichen Verhaltens war er mir höchst unsympathisch, was offenbar auf Gegenseitigkeit beruhte, und wir wechselten während der ganzen langen Reise kein Wort.

Gegen Ende der beschwerlichen Fahrt langten wir, nachdem uns von Wladiwostok ein japanisches Schiff via Korea nach Tsuruga, einer an der Südspitze gelegenen japanischen Hafenstadt, gebracht hatte, mit einem prächtigen Schnellzug in Yokohama an. In fünf Tagen sollte die ›Kamakura Maru‹, das große japanische Passagierschiff, ihre Fahrt nach den USA antreten.

Als wir hoffnungsvoll auf dem Schiffahrtsbüro unsere Reservierungen präsentierten, erfuhren wir zu unserem unsagbaren Schrecken und zu unserer Verzweiflung, man könne uns die Schiffskarten nicht aushändigen, denn nach der neuesten Verfügung der USA-Regierung müßten alle Visitor-Visa durch das Ursprungskonsulat, in unserem Falle also vom amerikanischen Konsulat in Stockholm, erneuert werden. Man stelle sich unsere Situation vor! Wie, um alles in der Welt, sollten wir eine Erneuerung unserer Visa aus Stockholm, das viele Reisewochen entfernt war, herbeischaffen?

Der amerikanische Konsul in Yokohama hatte volles Verständnis und kabelte nach Stockholm, aber versprechen konnte er uns nichts. Hunderte von Flüchtlingen ohne Reservierungen warteten auf eine Überfahrtmöglichkeit nach den Staaten. Was würde mit uns geschehen, wenn die Erneuerung nicht rechtzeitig eintraf? Dann blieben nur noch Shanghai oder Hongkong. Daß wir nicht in Japan bleiben konnten, war uns klar. Die antiamerikanische Gesinnung der Japaner sprach aus allen Gesichtern. Wir irrten in der glühenden Hitze am Strand entlang, schliefen oder versuchten es wenigstens in den durch Moskitonetze geschützten Betten und warteten von einem Tag zum anderen. Da fiel mir plötzlich – nicht lange vor Abfahrt des Schiffes – ein, daß mir der frühere schwedische Konsul in New York noch in Stockholm ein Empfehlungsschreiben an einen ihm befreundeten amerikanischen Professor in San Francisco übergeben hatte, in dem er ihn uns ans Herz legte. Ich lief in unser Hotelzimmer, fand den Brief und sah zu meinem unermeßlichen Erstaunen, daß er an meinen Professor Bellquist gerichtet war, mit dem ich wortlos vierzehn Tage Bett an Bett in unserer engen Kabine des Transsibirischen Expreß verbracht hatte.

»Ja, ist das denn möglich!« war das einzige, was wir hervorbrachten. In meinem kümmerlichen Englisch erklärte ich ihm unsere verzweifelte Situation, wir drückten uns die Hände, und er rannte mit unserem Brief in der Hand zu seinem Konsul. Aber was konnte der noch helfen, da uns nur noch fünf Stunden von der völligen Katastrophe trennten? Aber er war eben doch der Wunderbote. Von weitem sahen wir ihn, einen Zettel über seinem Kopf schwingend, auf uns zulaufen – die Visaverlängerung war gerade aus Stockholm eingetroffen, als er im Konsulat anlangte. Ohne ihn hätte sie vielleicht eine Stunde zu spät den Weg zu uns gefunden. Gepäck ins Taxi und auf zum Hafen, wo man tatsächlich unsere Reservierung von zwei Kabinen bis zum letzten Moment aufrechterhalten hatte.

Ende der Tragödie! Von nun an war uns das Glück hold.

Nach herrlicher Fahrt über den Pazifik, in all dem Luxus, den die ›Kamakura Maru‹ ihren Passagieren bieten konnte, in unseren Kabinen, die mit ihrer Einrichtung und ihren Bädern eher einem eleganten Appartement als einer Schiffsunterkunft glichen, landeten wir – jetzt zum ersten Mal auf amerikanischem Boden – im Hafen von Honolulu auf Oahu. Hier erwartete uns eine neue, dieses Mal aber freudige Überraschung. Unser Professor, der vor uns an Land gegangen war, kam noch einmal zurück, um uns mitzuteilen, daß er am Landungssteg einen ehemaligen Schüler getroffen und von unserer Ankunft unterrichtet habe. Es war Klaus Mehnert, dessen Buch *Die Jugend in Sowjetrußland* ich 1932 in Berlin veröffentlicht hatte. Er war jetzt Professor an der Universität von Honolulu und empfing uns mit großer Herzlichkeit, um uns zwei Tage lang in diesem Paradies mit seinem Wagen herumzufahren, durch die mit seltsamen, noch nie gesehenen Blumen bedeckten Felder, zu den heißes Wasser in die Luft schleudernden Geysiren und zu den Wellenreitern, die in haushohen Wogen dem Strand entgegenrasten. Es waren zwei Traumtage, die wir dort, noch benommen von den überstandenen Gefährdungen, verbrachten.

Unvergeßlich dann die Einfahrt unter der Golden Gate Bridge hindurch, begleitet von fliegenden Fischen, in den Hafen von San Francisco, wo uns zu unserer erneuten Überraschung außer einem Heer von Photoreportern eine elegante Dame erwartete, die sich erbot, uns San Francisco und das jenseits der Golden Gate Bridge gelegene Berkeley mit seiner berühmten Universität und der gerade eröffneten Weltausstellung zu zeigen. Arrangiert hatte alles einer der liebenswertesten, humansten Menschen, denen ich je begegnet bin: der bekannte holländisch-amerikanische Schriftsteller Hendrik Willem van Loon, dessen populärwissenschaftliche Bücher Welterfolge waren.

Wir hatten ihn 1938 in Stockholm kennengelernt. Als ich dort aus der Zeitung erfuhr, daß er als Korrespondent einer amerikanischen Rundfunkstation zum 80. Geburtstag König Gustav Adolfs in Stockholm eingetroffen sei, rief ich ihn an, um mich in meinem kümmerlichen Englisch bei ihm einzuführen, worauf er mich in fließendem Deutsch einlud, ihn in seinem Hotel aufzusuchen. Er war ein Riese beträchtlichen Umfangs mit einem lustigen Gesicht. Seine Freundschaft erleichterte uns nicht nur die Reise – er hatte an alle US-Konsulate auf unserer Strecke telegraphiert –, sondern auch die Eingewöhnung in den Vereinigten Staaten. Carl Zuckmayer hat diesem außergewöhnlichen Mann in seinen Erinnerungen *Als wär's ein Stück von mir* ein bleibendes Denkmal gesetzt.

Ein letzter Tag auf unserem Wunderschiff brachte uns von San Francisco entlang der kalifornischen Küste nach San Pedro, dem Hafen von Los Angeles, wo uns Katia und Erika Mann erwarteten. Sie hatten vorsorglich einen Bungalow am Strand von Santa Monica ganz in der Nähe ihres Hauses für uns gemietet. Zwei Monate verbrachten wir in dem angenehmen Klima, ehe wir uns nach New York aufmachten.

Sechs Wochen hatte unsere Reise über den halben Erdball gedauert, diese Fahrt über einen in Schmutz und Armut hinsiechenden Kontinent im Transsibirischen Expreß, im Luxusschiff über den Pazifik und schließlich von Santa Monica aus im eigenen Auto über 4800 Kilometer eines anderen Kontinents – Amerika, das Ziel unserer Flucht aus Europa – nach New York.

Autofahrt von Santa Monica nach New York, September 1940.
Von links: Gisela, Annette, Gabrielle

New York und Old Greenwich

Im vollgepackten Wagen verließen wir fünf unser Santa-Monica-Paradies und fuhren auf langsam ansteigender Autostraße über Boulderdam nach dem Weltwunder Gran Canyon, jener 800 m tiefen, vom Colorado River ausgewaschenen 350 km langen Schlucht, deren aus der Tiefe hoch aufsteigende Bergkuppen im rötlichen Abendlicht aufleuchteten, ein unvergeßlicher Anblick. Wir übernachteten in einem der gepflegten, an der Straße gelegenen Motels und setzten unsere Fahrt fort über die Rocky Mountains nach Albuquerque in New Mexico durch die »painted desert« mit ihren in der heißen Luft zitternden Sandsteinformationen und versteinerten Wäldern, durch Oklahoma, Kansas und Kentucky, durch Ohio und Pennsylvania, hingerissen von den Wundern des gewaltigen Landes, bis wir nach zehn Tagen New York erreichten.

»In New York wohnt man nicht!« Was Hendrik Willem van Loon damit meinte, wurde uns sehr bald klar. Am Abend unserer Ankunft empfing uns Heinrich Schnitzler, Arthur Schnitzlers Sohn, und fuhr uns in seinem Wagen durch das von Millionen Lichtern erhellte Zentrum, entlang den noch nie gesehenen Wolkenkratzern und durch die wimmelnden Menschenmassen, die sich im Eiltempo durch die Straßen bewegten. Selbst Paris und London, die ich einigermaßen kannte, waren – verglichen damit – stille Inseln. Wahrlich, eine neue Welt, in der es sich zurechtzufinden galt. Unsere drei kleinen Mädchen abenteuerten durch diese Weltreise, als wäre es eine Vergnügungsfahrt, während ihre Eltern jedem Tag mit der sorgenvollen Frage entgegensahen, ob uns das Glück auch weiterhin gewogen bleiben würde.

Aber auch hier wieder geschah es, daß wie zufällig – oder war es schicksalhaft? – ganz unerwartete und ungeahnte Ereignisse in mein Leben eingriffen. Hendrik Willem hatte bereits eine Häuseragentin beauftragt, in Old Greenwich im Staate Connecticut, wo er, eine Autostunde von New York entfernt, selbst mit seiner Frau lebte, ein Haus für uns ausfindig zu machen. In dem für New England typischen, an die Kolonialzeit erinnernden weißen Holzhaus fühlten wir uns sofort zu Hause. Als wir uns am ersten Abend zu Tisch setzten, glücklich, endlich einen dauerhaften Ruhepunkt gefunden zu haben, fragte unsere achtjährige Tochter: »Und, Mami, wo fahren wir jetzt hin?«

Hier wollten wir bleiben, als freie, unabhängige, von keiner Gewalt bedrohte Menschen unsere Pflicht tun, umgeben von Menschen, die uns Fremde wie Freunde aufnahmen und uns in alle Geschäfte des kleinen Ortes als wichtige neue Mitbürger einführten. Das schönste Beispiel für die Hilfsbereitschaft der Amerikaner in unserem kleinen Ort, in dem wir uns gerade niedergelassen hatten, war der Besuch eines lächelnden, älteren Herrn, der sich als Alfred Harcourt vorstellte. Er habe von Hendrik Willem von unserer Ankunft und unserer abenteuerlichen Reise um die halbe Welt erfahren und wolle sehen, wie es uns gehe. Er schaute in unseren von Hendrik Willem reichlich gefüllten Kühlschrank und lud uns in sein nahe gelegenes Haus ein. Daß er ein Verleger sei und seinen Verlag nach dem Beispiel des S. Fischer Verlages aufgebaut habe, erwähnte er so nebenbei.

Am nächsten Morgen stand ich um acht Uhr auf dem kleinen Bahnhof von Old Greenwich, wo der Schnellzug Boston – New York kurz hielt, um die hier wohnenden New Yorker Geschäftsleute ohne Zwischenstopp zum Grand Central, New Yorks Hauptbahnhof, zu befördern. Da sprach mich Alfred Harcourt, ebenfalls auf dem Weg nach New York, an. »How are you, Mr. Fischer?« Die übliche Frage, die keine Antwort erwartete. Aber dann wollte er wissen, ob ich ein Office in New York hätte und was ich für die Zukunft plante. Als ich ihm erklärte, daß ich nur die Stadt kennenlernen wollte, lud er mich ein, ihn noch am gleichen Vormittag in seinem Verlag aufzusuchen, ich brauchte doch einen ordentlichen Arbeitsplatz in New York. Was mich dort im Verlagsbüro in der Madison Avenue mitten in New York erwartete, übertraf bei weitem meine Erwartungen. Der Verlag Harcourt Brace war einer der erfolgreichsten literarischen und Schulbuch-Verlage Amerikas. In einem riesigen Saal, der durch Holzwände in etwa Kopfhöhe abgeteilt war, saßen die über hundert Verlagsangestellten, während in einem Seitenflügel des Raumes sich die Direktionszimmer befanden.

Alfred, man nannte sich bereits beim Vornamen, wies mir einen Schreibtisch in der Nähe seines eigenen Büros zu, nebst Telefon, Schreibmaschine und Sekretärin. »Und wo sind deine Bücher?« fragte mich Alfred. Auf meine Antwort »In Stockholm!« ließ er mich telegraphisch 10000 Bände an seine Verlagsadresse beordern – trotz meiner Bemühungen, ihm klarzumachen, daß Amerika für diese deutschen Bücher kein Absatzgebiet sei. »Laß das mal meine Sache sein!« meinte er und informierte als erstes die Presse über meine Niederlassung in New York. Die langen Interviews, die schon am nächsten Tag in den großen Zeitungen erschienen, lenkten nicht bloß die Aufmerksamkeit von Tausenden deutscher Emigranten auf die bevorstehende Einfuhr von deutschen Büchern, sondern brachten mich auch in Verbindung mit den zwei oder drei Verkaufsstellen deutscher Bücher, die

Emigranten in ihren Wohnungen betrieben, ohne über nennenswerte Vorräte an moderner Literatur zu verfügen. Einer von ihnen übernahm Lagerhaltung und Auslieferung der überraschend schnell aus Stockholm eintreffenden Bücher. (Die amerikanischen Buchhandlungen hatten den Verkauf deutschen Bücher seit einiger Zeit eingestellt.) So war wieder einmal aus einem winzigen Anlaß ein sozusagen ›weltweit‹ tätiger Betrieb entstanden. Denn von meinem Schreibtisch in Harcourts Office aus nahm ich die Verbindung mit meinem Stockholmer Verlag auf, den ich nun, meistens per Kabel, mit Hilfe meiner in Stockholm verbliebenen Getreuen weiterleitete und vor allem mit den wichtigsten Manuskripten der deutschen Emigranten in USA und den wichtigsten amerikanischen Neuerscheinungen versah.

Das Gedicht

Da wir im Sommer 1940 mit zeitlich befristeten Visitors-Visa nach den Vereinigten Staaten gelangt waren, mußten wir uns um Einwanderungspapiere kümmern, die uns nach Ablauf mehrerer Jahre die Einbürgerung ermöglichen würden. Dazu war es notwendig, die Staaten noch einmal zu verlassen, um dann mit den sogenannten ›first papers‹, die der amerikanische Konsul in dem von uns gewählten Nachbarland ausstellte, regulär einzuwandern. In Frage kamen Kuba oder Kanada, die aber beide keine Besuchsvisa mehr für Staatenlose wie uns ausstellten. So blieb nur Mexiko. Der kleine Ort Nogales in Arizona, direkt an der mexikanischen Grenze gelegen, war durch einen Drahtzaun von dem gleichnamigen Ort auf mexikanischem Gebiet getrennt. Den dort stationierten amerikanischen Konsul konnten wir leicht zu Fuß vom US-Territorium aus erreichen. Ein New Yorker Anwalt, an den wir uns um Unterstützung gewandt hatten, nahm sich unserer Sache an und ließ beim amerikanischen Konsul in Nogales unsere Einwanderungspapiere vorbereiten. So reisten wir per Expreßzug nach dem viele Stunden entfernten Nogales, wo uns der Anwalt in einem Farmhouse unterbrachte, das auch Gäste beherbergte. Zwei Wochen unternahmen wir mit unseren Kindern weite Ritte auf den mit Holzsätteln ausgestatteten Cowboypferden und verspeisten am Spieß auf offenem Feuer gebratene Kalbshaxen. Unsere neuen Freunde trugen die in Europa noch ganz unbekannten, aus blauem Stoff gefertigten, engen Hosen mit dem kleinen Schild ›Levi‹, dem Firmennamen des amerikanischen

Konfektionshauses. Eine meiner Töchter fragte, wieso alle Cowboys Levi hießen.

Allmählich wurden wir ungeduldig, wann uns endlich die mexikanische Grenzpolizei erlauben würde, durch den Drahtzaun mexikanisches Gebiet zu betreten, um beim amerikanischen Konsul die bestellten Einwanderungspapiere abzuholen. Zu unserem Schrecken stellte sich heraus, daß der Chef der mexikanischen Grenzpolizei die Grenze gesperrt hatte, weil ein Anwalt aus Hollywood mit seinen Klienten versucht hatte, ohne Erlaubnis die Grenze zu passieren. Nach vielen Bemühungen unseres Anwalts gelang es schließlich, gegen ein Deposit von $ 5000 zu Händen des mexikanischen Polizeichefs die Genehmigung zur Überschreitung der Grenze zu erreichen. Das Geld, von unserem Anwalt vorgeschossen, buchten wir gleich als Verlust ab.

Auf dem nahe gelegenen amerikanischen Konsulat waren alle notwendigen Dokumente für unsere Einwanderung vom Konsul vorbereitet, so daß wir noch am Nachmittag des gleichen Tages durch den die beiden Länder trennenden Drahtzaun legal einwandern konnten. An dem großen Tor erwartete uns der mexikanische Polizeichef und händigte uns zu unserer freudigen Überraschung unsere $ 5000 aus. Ein ehrenwerter Mann!

Auf dem nur wenige Schritte entfernten amerikanischen Einwanderungsbüro empfing uns der amerikanische Beamte und übergab uns – nach Prüfung der Dokumente – unsere ›first papers‹, die uns den zeitlich unbegrenzten Aufenthalt in den Staaten und schließlich unsere Einbürgerung ermöglichten.

Das Haus in Old Greenwich

Old Greenwich ist einer der vielen hundert kleinen Villenorte der amerikanischen Ostküste. Es gab nur eine lange Hauptstraße mit einigen Geschäften auf jeder Seite – ein Lebensmittelgeschäft, eine Weinhandlung, einen Papierladen, der auch Tageszeitungen, illustrierte Magazine und einige Taschenbücher führte, eine Eisenwarenhandlung, die Post, die Old Greenwich Trust Company genannte Bank, eine Tankstelle, dazu zwei Kirchen und die Feuerwehr. Darum herum weißgestrichene, meist einstöckige Holzhäuser im Kolonialstil mit großen Gartenanlagen, die ohne Umzäunung ineinander übergingen.

Das Haus, in das wir nach einiger Zeit übersiedelten, lag inmitten einer ausgedehnten Rasenfläche, die sich an der Frontseite bis zur Straße erstreckte, an der Rückseite aber in leichtem Abfall den ›sound‹ genannten Meeresarm zwischen dem Festland und dem ein paar Kilometer entfernten Long Island erreichte. Die lange Hauptstraße Old Greenwichs führte zu einem breiten Sandstrand mit klarem Meerwasser, reserviert für die Anwohner. Unser Zehn-Zimmer-Haus, das einstmals einem Austernfischer gehört hatte – sein ausgedienter Kahn lag noch im Wasser hinter unserem Haus –, glich nicht den üblichen New-England-Häusern. Es war dreistöckig, aus dunklem Holz gezimmert und kostete $ 70 an monatlicher Miete. Die vielen Zimmer zu möblieren war damals trotz unserer beschränkten Mittel kein Problem. Die vielen Antiquitätenläden in der nahe gelegenen Provinzhauptstadt Greenwich, einer mittelgroßen Kleinstadt, boten

Unser Haus in Old Greenwich, August 1940

alle nur wünschenswerten amerikanischen Möbel zu un-
wahrscheinlich niedrigen Preisen an. So gelang es uns, das
große Haus von unten bis oben für $ 500 komplett mit den
schönsten alten amerikanischen Möbeln auszustatten. Der
Höhepunkt war Tuttis Bett mit einem auf vier Holzsäulen
ruhenden Himmel (für $ 50!) und ein Spiegel, dessen gleich-
falls geschnitzter Rahmen den Wert des Spiegels bei weitem
überstieg.

In unserem Haus entwickelte sich unter Tuttis Anregung
und Führung ein lebhaftes Musikleben, das schon bald nach
unserer Ankunft einen Anziehungspunkt für unsere Nachbarn bildete. Das von Tutti begründete Klavierquartett erregte zuerst die Neugier, später das lebhafteste Interesse unserer nachbarlichen Freunde, insbesondere der Frauen, die
Tuttis großen Interessenkreis bewunderten. Es zeigte sich,
daß es unter ihnen einige recht begabte Musikdilettanten
gab, die sich mit Begeisterung Tutti als Mitglieder ihres
Quartetts zur Verfügung stellten. Da war die Frau des Pastors
der episkopalischen Kirche, die ausgezeichnet Violine spielte, der Freund Weismann aus Berlin, Berufsgeiger, den es
hierher verschlagen hatte; den Kontrabaß spielte der musik-
begeisterte Briefträger und das Cello eine gleichfalls berufs-
mäßige Cellistin, die bald zu unserem engsten Freundeskreis
gehörte.

Aber damit nicht genug: unsere älteste Tochter, eine begabte Pianistin, heiratete nach ihrem Studienabschluß in
Harvard den Sohn unseres Berliner Freundes Max Baldner,
der Musik an der Indiana University studierte und sich dort
zum Dirigenten ausbildete. Sie gründeten das Greenwich
Orchestra, zu dem Musiker von nah und fern stießen und das
sich bald eines guten Rufes erfreute.

Zu Hause stand unsere ›Schwarze Perle‹, die auf den

Namen Queen hörte, Tutti zur Seite. Sie hat all die Jahre hindurch für uns gesorgt und war eine unentbehrliche Hilfe, nachdem Tutti mit ihren graphischen Arbeiten für den Verlag und der Erziehung der Kinder voll in Anspruch genommen war. Queen war ein köstlicher, humorvoller Mensch. Ich sehe sie noch, wie sie in ihrem nicht unbeträchtlichen Umfang in der Küche sitzend meiner Tochter Gisela Shakespearesche Dramenszenen abhörte.

Ich selbst hatte in meinen freien Stunden für die großen Rasenflächen vor und hinter dem Haus mit ihrem wilden Graswuchs zu sorgen – mit einer handgetriebenen Mähmaschine, da es zu einer motorischen nicht reichte. Es war schwere Arbeit, so wie die nach Kriegseintritt der USA im Dezember 1941 von der Regierung empfohlene Anlage von Gemüsepflanzungen. Unser Maiskolbenfeld bearbeitete ich mit einem Handpflug vor der Aussaat.

Es war ein abwechslungsreiches Leben. Was früher Berlin als einzigartige Sammelstelle aller Künste darstellte, war jetzt in New York konzentriert, mit den großen Orchestern unter Leitung von Bruno Walter, Toscanini, Klemperer, Mitropoulos, Fritz Busch, den exzellenten Aufführungen klassischer und moderner Stücke am Broadway und den zahlreichen Kinos mit den Filmen der bedeutenden amerikanischen und emigrierten deutschen Filmregisseure.

Daß sich hinter allem glänzenden Reichtum schwere soziale Probleme verbargen, wußten wir wohl. Aber wir waren – ich muß es gestehen – zu sehr mit unseren eigenen Interessen und Sorgen und mit dem Fortgang des Krieges in Europa und mit Japan beschäftigt, um uns diesem anderen Amerika mit seinen schlimmen und tragischen Aspekten bewußt zuzuwenden.

Bald eröffneten sich für uns auch durch van Loon und Alfred
Harcourt nähere Beziehungen zu wichtigen Persönlichkeiten des politischen Lebens in Washington. Mr. Eugene und
Mrs. Agnes E. Meyer, Besitzer und Herausgeber der ›Washington Post‹ und nahe Freunde von Thomas Mann, luden
uns in ihre Washington-Residenz ein. Am eindrucksvollsten
war die Begegnung mit dem Mitglied des ›Supreme Court‹
(Oberster Gerichtshof) Justice Brandeis, der 1939, 82 Jahre
alt, nach 23jähriger Tätigkeit als höchster Richter der USA
zurückgetreten war. Er wollte sich aus erster Hand über die
Vorgänge in Deutschland unterrichten lassen. Hier trafen
wir auch Walter Lippmann, den einflußreichen politischen
Kolumnisten, und bekamen die überlegene politische Haltung der amerikanischen Führungsschichten zu spüren. Ar-
chibald MacLeish, Direktor der Library of Congress und
später Kabinettsmitglied, empfing mich mit freundlichem
Interesse für meine Verlagspläne, und viele andere Freunde
aus diesen Kreisen ließen es nicht an Einladungen fehlen und
machten es uns leicht, in kurzer Zeit das eben noch so fremd
erscheinende Land als Heimat zu empfinden. Die hier ge-
knüpften persönlichen Beziehungen zu vielen politisch einflußreichen Persönlichkeiten sollten später, nach Ende des
Krieges, bei dem Wiederaufbau des S. Fischer Verlages in
Deutschland eine wichtige Rolle spielen und mir bei den
manchmal unlösbar erscheinenden Problemen helfen, wie
sie sich aus der komplizierten Besatzungskonstruktion ergaben.

Ein Verlag in Stockholm – Ein Verlag in New York

Fast noch wichtiger als der Verkauf von Büchern des Stock-holmer Hauses in den Vereinigten Staaten war für den Start in Amerika die Verbindung zu den literarischen Agenturen in New York. Während in Europa mit Ausnahme Englands die Autoren ihre Manuskripte direkt den Verlagen anboten und mit ihnen Verträge aushandelten und abschlossen, was zu einem persönlichen, oft freundschaftlichen Verhältnis zwi-schen Autor und Verleger führte, bedienten sich in den USA die Autoren der literarischen Agenturen, die Buchrechte an Verlage, die Abdrucksrechte an große Zeitschriften und Zeitungen und Filmrechte möglichst an einen bedeutenden Produzenten in Hollywood verkauften. Da ich zu dieser Zeit als einziger deutschsprachiger Exilverlag am Erwerb von deutschen Übersetzungsrechten amerikanischer Autoren in-teressiert war, gelang es mir ohne Mühe, dem Stockholmer Haus bedeutende US-Autoren zuzuführen.

Meine guten Getreuen im Bermann-Fischer Verlag am Stureplan waren nicht wenig erstaunt, als nach der Bestel-lung von 10000 Lagerexemplaren für New York Verlagsver-träge eintrafen, die zum Ansehen des schwedischen Exil-verlages wesentlich beitrugen, in den uns verbliebenen Absatzgebieten gute Verkaufschancen hatten und, wie sich später zeigte, dem neuen alten S. Fischer Verlag nach dem Krieg eine solide Basis lieferten. Im Laufe weniger Jahre er-warb ich die deutschen Rechte an Schalom Aschs Roman *Der Nazarener* (erschienen 1940 in Stockholm), an Ernest Hemingways Roman *Wem die Stunde schlägt* (deutsch 1941), von Antoine de Saint-Exupéry *Flug nach Arras* (deutsch 1942), William Saroyan *Menschliche Komödie* (deutsch 1943), Wendell Willkie *Unteilbare Welt* (deutsch ebenfalls 1943).

Daneben betreute der Bermann-Fischer Verlag in Stockholm weiterhin die Werke der wichtigsten deutschen Autoren im Exil, die noch heute als »moderne Klassiker« gerade im Taschenbuch immer neue Lesergenerationen erreichen. *Das Lied von Bernadette* von Franz Werfel publizierten wir 1941; 1942 erschien der politisch so außerordentlich wichtige Band mit 25 Radiosendungen Thomas Manns nach Deutschland *Deutsche Hörer* und von Stefan Zweig das schöne, melancholische Erinnerungsbuch eines Europäers *Die Welt von Gestern* mit drei Auflagen innerhalb von zwei Jahren. Schließlich kam in Stockholm der vierte, abschließende Band der Thomas Mannschen Tetralogie *Joseph, der Ernährer* heraus, ebenso die auf zwölf historische Miniaturen erweiterte Neuausgabe von Stefan Zweigs *Sternstunden der Menschheit*.

Mit der Besetzung Hollands im Mai 1940 brach die Katastrophe über die beiden mir befreundeten Emigrationsverlage herein. Der von Dr. Fritz Landshoff mit Hilfe des holländischen Verlegers Emanuel Querido begründete deutschsprachige Querido Verlag und der von Walter Landauer geleitete und von dem gleichnamigen holländischen Verleger Allert de Lange begründete deutschsprachige Exilverlag wurden von den Nazis sofort geschlossen. Landauer kam in einem KZ ums Leben. Der alte Querido wurde in Sobibor umgebracht.

Fritz Landshoff befand sich zu seinem Glück zur Zeit der Besetzung Hollands in London, wo er als Deutscher einige Monate in englischen Lagern festgehalten wurde. Er konnte im März 1941 nach den Vereinigten Staaten auswandern, wo wir uns sogleich zusammensetzten, um Pläne zu schmieden. Rasch stellte sich heraus, daß nur ein amerikanischer Verlag mit einer Produktion in englischer Sprache gewisse Überlebenschancen hatte. Wir besaßen weder die notwendigen Mittel für ein solches Unternehmen noch ausreichende Kenntnisse der Landessprache noch amerikanische Verlagspraxis. Überdies waren die englischen Übersetzungsrechte an den Hauptwerken unserer großen deutschen Autoren vor Jahren an amerikanische Verlage verkauft worden, so daß sie für einen neu gegründeten amerikanischen Verlag nicht zur Verfügung standen. Daß ich mich auf ein so unfundiertes Unternehmen in fremden Landen in fremder Sprache je einlassen würde, hätte ich bis dahin nicht für möglich gehalten. Es war wohl ein typisch amerikanischer Optimismus und nicht zum wenigsten die Ermutigung meines neuen Freundes Alfred Harcourt, dessen Hilfsbereitschaft ich nicht länger in Anspruch nehmen wollte, die alle skeptischen Einwände überwanden.

Dem Mutigen gehört die Welt. Das Glück war uns hold. Es fand sich ein Mann, der offenbar zu viel Geld und eine große Hochachtung vor unserer verlegerischen Vergangenheit und mächtiges Zutrauen zu uns hatte und einen erheblichen Dollarbetrag in unser riskantes Unternehmen investierte. Für das Frühjahr 1942 konnte die neugegründete Firma »L[andshoff] B[ermann] Fischer Publishing Corporation« ein vielversprechendes Programm zusammenstellen.

Die in Wien von Franz Werfel übersetzten und dort veröffentlichten Briefe Giuseppe Verdis waren in englischer Sprache noch nicht erschienen. Die amerikanische Buchausgabe erschien in der vollendeten Ausstattung von Georg Salter, der sich in Amerika als Buchkünstler bereits einen

Announcing a new imprint

BEFORE introducing our first list we feel that we ought to introduce ourselves. We are not new to publishing. Both of us have been associated with long-established book firms abroad: S. FISCHER, *Berlin* and later BERMANN-FISCHER, *Stockholm* and QUERIDO, *Amsterdam*. These firms have had a long and distinguished record as publishers of fine books by outstanding European and American authors, both in the pre-Hitler days and in the subsequent struggle for a free European literature in exile.

We have now joined forces to establish a new American firm. We propose to publish good books ... useful books as well as entertaining ones, books of enduring interest as well as timely ones. We hope that our efforts will be worthy of the authors with whom we have been identified in the past, and that we may contribute in some measure to the development of life and letters in these United States.

G. B. Fischer
F. H. Landshoff

L. B. FISCHER PUBLISHING CORP., 381 FOURTH AVE, N.Y.

We published, abroad, the work of these authors:

LION FEUCHTWANGER
ERNEST HEMINGWAY
SINCLAIR LEWIS
HEINRICH MANN
THOMAS MANN
HAROLD NICOLSON
JOHN DOS PASSOS
ERICH MARIA REMARQUE
FRANKLIN D. ROOSEVELT
ARTHUR SCHNITZLER
CARLO SFORZA
G. BERNARD SHAW
VINCENT SHEEAN
LYTTON STRACHEY
JAKOB WASSERMANN
FRANZ WERFEL
WALT WHITMAN
ARNOLD ZWEIG
STEFAN ZWEIG

SEE NEXT 7 PAGES

Die erste Anzeige von L. B. Fischer, Publishing Corporation, New York

Namen gemacht hatte. Daneben publizierten wir Leopold Schwarzschilds *World in Trance*, eine politische Geschichte von Versailles bis Pearl Harbor, Otto Zoffs Geschichte der Hugenotten und weitere non-fiction-Titel. Gekrönt wurde die Anfangsproduktion durch das Erstlingsbuch eines jungen amerikanischen Autors, William Bradford Huie, den ich, angeregt durch eine Erzählung in der amerikanischen Zeitschrift ›American Mercury‹, telefonisch davon überzeugen konnte, daß unser neuer Verlag der einzig richtige sei für seinen noch ungeschriebenen Roman. *Mud on the Stars* (*Dreck an den Sternen*) rief einen kleinen Sensationserfolg hervor, insbesondere da ›The New Yorker‹, die einflußreiche Zeitschrift, in einer Besprechung das Buch »with the ugliest title of the year« (mit dem scheußlichsten Titel des Jahres) groß herausstellte.

Drei wichtige Originalausgaben, die zum Ansehen des Verlages bei Publikum, Presse und Buchhandel wesentlich beitrugen, sollen hier besonders erwähnt werden, weil sie am besten den verlegerischen Impuls der beiden Neulinge charakterisieren: Eine Anthologie *American Harvest* mit Erzählungen der bedeutendsten amerikanischen Autoren wie Ernest Hemingway, Sherwood Anderson, Willa Cather, Thornton Wilder, Conrad Aiken, E. E. Cummings, Katherine Anne Porter; 1944 folgte eine Collection of New American Writing *Cross Section* mit jungen, hier teilweise zum ersten Mal publizierten Autoren wie Richard Wright, Norman Mailer, Ralph Ellison, Arthur Miller, Tennessee Williams. Dann sei noch erwähnt *Heart of Europe* (1943), eine von Klaus Mann und Hermann Kesten edierte Anthologie europäischer Dichtung zwischen 1920 und 1940, mit 141 Autoren aus 21 Ländern. Thomas Mann schrieb mir damals: »Bei dem neuen Verhältnis, das Amerika durch die historischen Ereignisse zu dem alten Erdteil nolens volens gewonnen hat, möchte ich annehmen, daß das amerikanische Publikum für diese Sammlung Interesse zeigen und Ihnen dafür danken wird.«

Der größte Erfolg war die Buchausgabe einer Rede des amerikanischen Vizepräsidenten Henry A. Wallace *The Price of Free World Victory*, von der wir in kurzer Zeit über hunderttausend Exemplare verkaufen konnten.

Der Buchvertrieb in den Vereinigten Staaten unterschied sich von dem in Deutschland gewohnten ganz beträchtlich. Zur Zeit unserer Verlagstätigkeit in den Jahren 1940 bis 1946 gab es in den Vereinigten Staaten nur etwa 600 Buchhandlungen – verglichen mit den damals in Deutschland existierenden etwa 3000. Dagegen vermochten Tausende von größeren und kleineren öffentlichen Bibliotheken, über das ganze Land verteilt, als kulturelle Zentren Leserschichten, insbesondere unter der jugendlichen Bevölkerung, anzuziehen, die niemals eine Buchhandlung aufsuchten und ein Buch kauften. Etwa 60 Prozent des Gesamtverkaufs an Büchern lagen in den Händen von vier oder fünf Grossisten, die sich um die Verteilung an die kleinen Buchverkaufsstände und vor allem an die öffentlichen Bibliotheken, die Universitätsbibliotheken und den außerordentlich wichtigen Export in englisch-sprechende Länder kümmerten.

Neu war für uns auch, daß die Buchhandlungen alle unverkauften Bände zurückschickten. So wußten die Verleger lange Monate nicht, wie viele Exemplare eines Buches tatsächlich verkauft, wie groß die ausstehenden Forderungen an den Buchhandel waren und welche Honorarverpflichtungen sie gegenüber den Autoren hatten. Für einen kleinen Verlag war es kein leichtes Leben.

So lernten wir, unser Leben in der Fremde zu leben, die

keine Fremde mehr war, abgeschnitten von unserem Ursprung, der uns zur Fremde geworden war. Die Sorge für unsere große Familie lastete schwer auf Tutti und mir. Da waren die drei Töchter, für die, nachdem sie die Grundschule absolviert hatten, erhebliche Mittel für den Besuch der Colleges aufgebracht werden mußten, obwohl uns dabei Stipendien unterstützten. Da waren Tuttis Mutter und Tuttis Schwester, die in New York ihr eigenes Leben zu leben wünschten, da war meine Mutter, die bei uns lebte, bevor sie wieder nach Stockholm zurückkehrte, und da war schließlich – last not least – unser eigener Haushalt, den Tutti mit ihrem unerschöpflichen Lebensmut und ihrer unerschöpflichen Liebe zu mir in Schwung hielt.

Aber auch durch die schönen literarischen Erfolge waren wir nicht auf Rosen gebettet, wie Hermann Hesse einem Schweizer Freund berichtete; daß wir in Amerika wie die Millionäre gelebt hätten – weiß Gott, wer ihm diese Lügengeschichte eingeredet hatte.

Ein kleiner Zwischenfall zeigt, wie ahnungslos selbst leitende amerikanische Theateragenten über europäische respektive deutsche Theaterverhältnisse waren. Einige Zeit nach Abschluß des Vertrags über die deutschsprachigen Aufführungsrechte von Millers *Tod eines Handlungsreisenden* benachrichtigte mich mein Stockholmer Verlag, daß eine Schweizer Theateragentur das Stück den Schweizer Bühnen anbot. Als ich bei der New Yorker Agentur Einspruch erhob, fragte man mich erstaunt: »Ja, spricht man denn in der Schweiz deutsch?«

Trotz aller Eingewöhnung blieb der Blick auf Amerika, auf
Landschaft, Häuser, Bewohner und ihre Lebensform, di-
stanziert – als säße ich in einem Theater, beeindruckt von den
Vorgängen auf der Bühne, die ein Dichter sich ausgedacht
hatte. Ich merkte nicht oder wollte nicht merken, daß mein
Wesen sich wandelte in der Folge des tiefgreifenden Wandels
meiner Umgebung. Das galt, wie ich allmählich mit Staunen
feststellte, für ästhetische Erlebnisse wie für praktische Entscheidungen. Langsam kam mir zum Bewußtsein, daß ich ein
anderer Mensch geworden und doch derselbe geblieben war.
Als hätte ich eine Haut abgeworfen, unter der sich nur
scheinbar das gleiche Wesen zeigte. Wenn aber das Gefühl
der Zugehörigkeit zu einer Welt, in die ich hineingeboren
war, sich ebenso abschwächte wie die Geltung ohnehin in
Zweifel gezogener Maßstäbe, so war es, um existieren zu
können, notwendig, sich in die neue Welt integriert zu glauben – ein schizophrener Zustand, der sich schließlich dahin
auflöste, daß man frei von allen Vorurteilen und Abhängig-
keiten zum Weltbürger geworden war.

Der demokratischen, freiheitlichen Gesinnung der Amerikaner war es zu danken, daß wir uns von Anbeginn an niemals
als Fremde fühlten und nie zu spüren bekamen, daß wir als
Fremde galten. Dabei erschreckte uns von Anfang an, wie
wenig die so unkompliziert hilfreichen, herzlichen Menschen von den Vorgängen in Europa und insbesondere in
dem Deutschland Hitlers wußten.

Wie es schon vor Ausbruch des Krieges unsere Freunde in

England trotz der Nähe der Ereignisse einfach nicht glauben wollten, daß der Feind vor ihren Türen stand, so war es auch hier: Die menschliche Seite unserer Flucht weckte Anteilnahme und Neugier, die politische Dimension interessierte nicht. Meine Frau, Mitglied der einflußreichen Vereinigung ›American Women Voters‹, hielt aufklärende Vorträge, die Eindruck machten und wenigstens in unserem Freundeskreis einiges Verständnis für die herannahende Gefahr weckten. Aber das bedeutete wenig gegen die ›America first‹-Bewegung, die genährt war von der tief eingewurzelten Idee »Was geht uns Europa an«. Hilfeleistung für England oder gar ein Eingreifen Amerikas gegen Hitler lehnte sie rundweg ab. Mit großen Schildern ›America first‹ am Rückfenster des Wagens fuhren die Anhänger einer strikten Isolationspolitik umher, in völliger Verkennung der die ganze Welt bedrohenden Aggressivität Hitlers.

Schon 1933 und 1934 hatte ich in Berlin zwei Bücher mit Reden des US-Präsidenten Roosevelt publiziert (*Blick vorwärts* und *Unser Weg*). Jetzt waren sein politischer Spürsinn, seine moralische Unbedingtheit und seine übermenschliche Energie für uns eine Quelle der Zuversicht. Als der Überfall der Japaner auf Pearl Harbor im Dezember 1941 seinen Warnungen recht gab, war es beinahe zu spät. Roosevelts klingende Stimme, dieses »again and again« – wenn er »wieder und wieder« die drohende Gefahr beschwor, ist mir immer noch im Ohr. Hier einige Auszüge aus dem Band *Roosevelt spricht* (1945), die 50 Jahre danach nichts von ihrer Gültigkeit verloren haben.

4. Januar 1939

»Die Stürme, die in anderen Ländern rasen, bedeuten einen direkten Angriff auf drei Institutionen, die uns Amerikanern heute, wie eh und je, unentbehrlich sind. Die erste dieser Institutionen ist die Religion. Sie ist die Quelle der beiden anderen: Demokratie und internationale Rechtlichkeit.

Die Religion, die den Menschen ihre Verwandtschaft mit einem göttlichen Wesen zeigt, flößt dem einzelnen das Gefühl der eigenen Würde ein und lehrt ihn, in der Achtung vor dem Nachbarn die Selbstachtung zu bewahren. Demokratie, die Methode der Selbstverwaltung, ist ein Übereinkommen zwischen freien Menschen, die Rechte und Freiheiten ihrer Mitmenschen zu respektieren. Internationale Rechtlichkeit, eine Schwester der Demokratie, entspricht dem Willen zivilisierter Nationen, die Rechte und Freiheiten anderer Nationen zu respektieren.«

31. Mai 1940
»Der europäische Krieg hat uns vor allem eines gezeigt – wie wichtig der Geschwindigkeitsfaktor ist. Es ist absolut gefährlich, wenn man erst den Kriegsausbruch abwartet, bevor man die nötige Ausrüstung bestellt und die Truppen einexerziert. [...] Ich möchte [...] dem Kongreß [...] empfehlen [...], mich [...] zu ermächtigen, Teile der Nationalgarde zum aktiven Dienst einzuberufen [...]. Es sind große Summen, die wir brauchen – über eine Milliarde Dollar –, aber ich glaube, daß es sich hier um die dringendsten Bedürfnisse unserer nationalen Sicherheit handelt.«

29. Dezember 1940
»Am 27. Dezember 1940 wurde in Berlin ein Abkommen unterzeichnet, und drei mächtige Länder, zwei europäi-

sche und ein asiatisches, drohen gemeinsam den Vereinigten Staaten, sie würden gemeinsam gegen sie vorgehen, falls die Vereinigten Staaten die Expansionspläne dieser drei Länder störten oder hinderten – Pläne, die auf die Weltherrschaft abzielen.

Die nazistischen Herrscher Deutschlands haben deutlich zu verstehen gegeben, daß sie nicht nur das gesamte Leben und Denken ihres eigenen Volkes beherrschen wollen, sondern daß sie die Absicht haben, ganz Europa zu versklaven und dann mit Hilfe der Ressourcen Europas sich die übrige Welt zu unterwerfen. [...] Wenn Großbritannien unterliegt, werden die Achsenmächte Europa, Asien, Afrika, Australien und die Weltmeere beherrschen – sie werden in der Lage sein, gewaltige Armeen und Flotten gegen unsere Hemisphäre zu mobilisieren. Es ist keine Übertreibung, wenn ich wieder und wieder sage, daß wir alle hier in Amerika vor der Mündung einer Kanone leben würden – einer Kanone, geladen mit Explosivmunition, sowohl im wirtschaftlichen wie im militärischen Sinne.«

6. Januar 1941
    »In der Zukunft, die wir jetzt zu sichern versuchen, hoffen wir, eine Welt schaffen zu können, die sich auf vier wesentliche menschliche Freiheitsrechte gründet:
    Erstens – Redefreiheit, und zwar in der ganzen Welt.
    Zweitens – Freiheit für jeden, Gott auf seine Weise zu verehren, und zwar überall in der Welt.
    Drittens – Freiheit von aller Not [...].
    Viertens – Freiheit von aller Angst [...].«

27. Mai 1941

»Daher habe ich im vollen Bewußtsein meiner Verantwortung gegenüber meinen Landsleuten und der Sache meines Landes heute abend einen uneingeschränkten Ausnahme- und Notzustand proklamiert, der die Stärkung unserer Verteidigung bis zu den äußersten Grenzen unseres Leistungsvermögens und unserer Macht erfordert.«

8. Dezember 1941 [Ansprache an den Kongreß]

»Am gestrigen Tage, dem 7. Dezember 1941 – ein Datum, das in Schande fortleben wird – wurden die Vereinigten Staaten von Amerika plötzlich und planmäßig von den Kriegsschiffen und Flugzeugen des Kaiserreichs Japan überfallen.

Die Vereinigten Staaten befanden sich nicht im Krieg mit Japan, und es waren auf Verlangen Japans noch bis zum gestrigen Tage Verhandlungen mit der japanischen Regierung und dem japanischen Kaiser im Gange, die den Zweck verfolgten, den Frieden im Stillen Ozean aufrechtzuerhalten. Ja, eine Stunde nachdem japanische Flugzeuggeschwader mit dem Bombardement Oahus begonnen hatten, überreichten der japanische Botschafter in den Vereinigten Staaten und sein Kollege unserem Außenminister eine formelle Antwort auf ein vor kurzem übersandtes Memorandum. Obwohl in dieser Antwort festgestellt wurde, daß eine Fortsetzung der gegenwärtigen diplomatischen Verhandlungen zwecklos erscheine, enthielt sie keinerlei Drohungen und keinerlei Andeutungen einer Kriegserklärung oder eines bewaffneten Angriffs. [...]

Der gestrige Angriff auf die Hawaiischen Inseln hat den amerikanischen See- und Landstreitkräften ernsthaften Schaden zugefügt. Zahlreiche amerikanische Soldaten haben ihr Leben eingebüßt. Außerdem wird gemeldet, daß auf hoher See zwischen San Francisco und Honolulu amerikanische Schiffe torpediert worden sind.

Gestern hat die japanische Regierung auch einen Angriff auf Malakka unternommen.

Gestern nacht haben japanische Streitkräfte Hongkong angegriffen.

Gestern nacht haben japanische Streitkräfte Guam angegriffen.

Gestern nacht haben japanische Streitkräfte die Philippinen angegriffen.

Gestern nacht haben die Japaner Wake Island angegriffen.

Heute morgen haben die Japaner Midway Island angegriffen.

Das heißt also, daß Japan eine Blitzoffensive eingeleitet hat, die sich über das ganze pazifische Gebiet erstreckt. [...]

Als Oberbefehlshaber der Armee und Flotte habe ich Befehl gegeben, alle für unsere Verteidigung erforderlichen Maßnahmen zu treffen. [...]

Die Feindseligkeiten sind im Gange. [...]

Im Vertrauen auf unsere bewaffneten Streitkräfte, mit der grenzenlosen Entschlossenheit unseres Volkes werden wir den unausweichlichen Sieg erringen. [...]

Ich ersuche den Kongreß, zu erklären, daß nach dem unprovozierten und feigen Angriff Japans am Sonntag, dem 7. Dezember, Kriegszustand herrscht zwischen den Vereinigten Staaten und dem japanischen Kaiserreich.«

Am 9. Mai 1945 war der Krieg gegen Deutschland siegreich beendet. Ich befand mich gerade auf dem Times Square in New York, als die Lautsprecher die Nachricht der Kapitulation verkündeten und Tausende von Menschen den Platz mit ihren Jubelrufen erfüllten. Einer der Höhepunkte war Thomas Manns Auftritt Ende des Monats in der Library of Congress in Washington. Der große Saal war überfüllt, Lautsprecher übertrugen die englisch gesprochene Rede in zwei Nebensäle.

Daß man Thomas Mann kurz vor seinem 70. Geburtstag, seit wenigen Monaten erst eingebürgert, an diese hervorragende Stelle in diesem Augenblick als Repräsentanten freiheitlicher Gesinnung eingeladen hatte, war eine Ehrung für ihn und zugleich für die ganze deutsche Emigration. Ich nahm es auch als Zeichen einer souveränen Unabhängigkeit, wie sie nur in Amerika denkbar war. Und in den sehr persönlichen Einleitungssätzen fand ich unser Schicksal und unsere Empfindungen ausgedrückt. »Wie komme ich her? Welche Traumwelle verschlug mich aus dem entferntesten Winkel Deutschlands, wo ich geboren wurde und wohin ich doch schließlich gehöre, in diesen Saal, auf dieses Podium, daß ich hier als Amerikaner stehe, zu Amerikanern redend? Nicht als ob es mir unrichtig schiene. Im Gegenteil, es hat meine volle Zustimmung, – das Schicksal hat für diese Zustimmung gesorgt.«

Nach der mit überwältigendem Beifall aufgenommenen Rede *Deutschland und die Deutschen* gaben Eugene Meyer und seine Frau Agnes, die Thomas Mann so viele Wege in Amerika geebnet hatten, einen großen Empfang in ihrem Hause. Wir befanden uns inmitten der politischen und kulturellen Repräsentanten Amerikas; sie waren zu Ehren eines Vertreters jenes Deutschlands versammelt, das sie als Vorbild kultureller und wissenschaftlicher Leistungen geliebt hatten. Und sie spürten, daß sich hier einer nicht zum Richter aufwarf über das böse, schuldige Deutschland – »der Gnade, deren Deutschland so dringend bedarf, bedürfen wir alle«.

Ergriffene Teilnehmer an diesem historischen Ereignis, fühlten wir uns unserem gefeierten Autor dankbar verbunden.

Inmitten der politischen und gesellschaftlichen Prominenz hielten wir uns an Thomas Manns Schwiegersohn, den Mann der Tochter Elisabeth, Giuseppe Antonio Borgese, Professor an der Universität Chicago für italienische Literatur, und an Walter Lippmann, den einflußreichen Publizisten, und führten ein kurzes Gespräch mit Vizepräsident Wallace, dessen Buch *The Price of Free World Victory* ich 1942 in der New Yorker L. B. Fischer Publishing Corporation herausgebracht hatte. Tutti wurde von Mrs. Eleanor Roosevelt, der Frau des Präsidenten, herzlich begrüßt. Sie kannten sich schon seit längerer Zeit. Im Auftrag der ›Women's Trade Union League‹ hatte Tutti zu Ehren von Mrs. Roosevelt einen von Hendrik Willem van Loon verfaßten Text auf Pergament geschrieben und ihr überreicht. Seither nahm sie regen Anteil an dem Ergehen unserer Familie.

Aus Anlaß des 70. Geburtstags von Thomas Mann erweckte ich im Juni 1945 die in Deutschland längst verbotene ›Neue Rundschau‹ als Vierteljahresschrift in Stockholm mit Beiträgen der Freunde des Dichters zu neuem Leben. Zu meiner Freude kann ich feststellen, daß sie bis zum heutigen Tage ihre wichtige kulturelle Aufgabe erfüllt.

Mein Vorwort zu diesem ersten Heft, für das ich als Herausgeber und Richard Friedenthal und Joachim Maass als Redakteure zeichneten, lasse ich hier folgen.

Zueignung

Zum 6. Juni 1945

Ich blättere die alten Rundschauhefte durch – 1889 bis 1933 – herausgegeben von S. Fischer. Mit welcher Liebe hing er an dieser Zeitschrift, seiner ›Neuen Rundschau‹. Mehr als alles, was mit seinem Imprimatur in die Welt hinausging, war jedes dieser Monatshefte seinem Herzen nahe, seinem Geist verwandt.

Er hat es nicht mehr erlebt, wie sie in fremden Händen langsam den Geist, seinen Geist aufgab.

Menschen tauchen in meinem Gedächtnis auf: Moritz Heimann, der Freund und Helfer der Dichter – er starb, bevor er sehen mußte, wie so manche, die er geliebt, das Werk verrieten.

Oskar Loerke, der, krank und verzweifelt am Leben, das Land, an dem er mit seiner Seele hing, nicht mehr verlassen konnte und, aufgerieben in hoffnungslosem Widerstand, einsam und verlassen dahinschied. Samuel Saenger, der mit Gesinnungstreue sein politisches Ideal durch viele Jahrzehnte hindurch auf den Seiten der Zeitschrift verfocht und wenigstens noch die letzten zwei Jahre seines Lebens in der Freiheit Amerikas, die es verkörperte, verbringen konnte.

Manche erinnere ich, die nicht genannt sein können, weil sie dort blieben, wo das Leben starb, ihrer Überzeugung, wenn auch schweigend nur, die Treue haltend.

Ich blättere die alten Hefte durch. Wieviel Haltung und Gesinnung, welche Freiheit des Geistes, wieviel Schöpfertum spricht in ihnen. Es ist schwer zu fassen, daß all dies dahingegangen sein soll. Aber es ist dahin.

Nur eine dünne Decke war es über dem Abgrund.

Eine Welt des freien Geistes hatten wir uns aufgebaut. Als die bösen Gewalten mit harter Hand zugriffen, da stob sie auseinander. Draußen sammelte sich nur ein kleiner Kreis von Übriggebliebenen.

Was sie vereint hatte, war zerstört. Für die fremde Umwelt aber waren sie etwas fragwürdige Geister, mit dem Makel der Erfolglosigkeit behaftet. Die Fremde ist hart.

Da aber erhob sich eine Stimme, Thomas Manns Stimme. Und die Welt hörte. Was als eine Masse von entwurzelten Existenzen erschienen war, hatte plötzlich einen Namen und einen Ausdruck. Emigration, bis dahin ein etwas anrüchiger Begriff, hatte eine sichtbare, bewunderte, verehrungswürdige Repräsentation. Ein jeder konnte sich darauf berufen und war von einem Schimmer seiner Aura noch umstrahlt.

Wenn es heute eine Literatur in deutscher Sprache gibt, wenn heute noch eine Tradition existiert, welche die geistig-sittlichen Werte eines Deutschland, das einstmals der Welt etwas bedeutete, überliefert, so ist das Thomas Mann in hohem Grade zu danken, seinem Werk und seiner Haltung, seiner menschlich-sittlichen Existenz.

Das »Volk der Dichter und Denker« hat sich sein Urteil im Mai 1933 auf dem Opernplatz in Berlin gesprochen, als es widerspruchslos die Bücherverbrennung zuließ. Seit diesem Tage gibt es kein geistiges, an die nationalen Grenzen gebundenes Deutschland mehr.

Das wahre Deutschland in einem höheren Sinne – das sind diejenigen, die für Freiheit und Recht ihr Land verlassen haben, die in den Konzentrationslagern elendig litten, die heute als Amerikaner oder unter englischer Flagge gegen ›Deutschland‹ kämpfen. – Man müßte ein anderes Wort für den Begriff finden, der das repräsentiert, was einstmals der Welt das Wort Deutschland bedeutete – Goethe – Beethoven – und heute Thomas Mann.

Welches Glück für die Welt und für Deutschland, daß es ihn gibt.

Eben das hebt seine Bedeutung weit über den Tag hinaus, daß er das, was in der deutschen Kultur universale Bedeutung hat, in die Welt des freien Geistes hinüberrettete, indem er es durch sein Werk und sein Wirken repräsentierte.

Es schien von schöner, symbolischer Bedeutung zu sein, Thomas Mann zu seinem 70. Geburtstag ein Sonderheft der ›Neuen Rundschau‹ zu widmen; diese »Tribüne eines freien Geistes« in deutscher Sprache, seiner Sprache, an diesem Tage wieder auferstehen zu lassen.

Wie diese Zeitschrift einstmals die Tribüne eines freien deutschen Geisteslebens war, so ist dieses Heft ein Symbol dafür geworden, daß trotz Exil, trotz Not und Leiden, ein freies Schrifttum deutscher Sprache nicht nur lebt, sondern auch in Blüte steht und sich einer größeren geistigen Gemeinschaft angeschlossen hat, mit der es in enger Verbundenheit gegen Ungeist und Barbarei für eine neue Humanität und eine neue Freiheit kämpft.

Kostbare Rechte, notwendige Lizenzen

An unserem amerikanischen Verlag, dem ich mich in vielfacher Hinsicht verpflichtet fühlte, hing mein Herz nicht. Als die neue, durch Beendigung des Krieges geschaffene Situation weittragende Entscheidungen verlangte, wußte ich, daß ich zurück nach Europa mußte – und das hieß, trotz mancher innerer Widerstände, zurück nach Deutschland. Meine schwedischen Partner wollten die Früchte ihres Einsatzes für den Exilverlag ernten, die alten Verlagsautoren wollten ihre Werke in Deutschland neu aufgelegt sehen, die amerikanischen Behörden, die mit der sogenannten ›Re-Education‹ in Deutschland befaßt waren, meldeten Wünsche an. Daß alle optimistischen Erwartungen bei dem hoffnungslos zerstörten Land Jahre in Anspruch nehmen würden, sah ich voraus. Ein Nachbar, Amerikaner deutscher Herkunft in der zweiten Generation, mit dem ich auf langen Spaziergängen unsere Lage diskutierte, sagte mir: »Du glaubst doch wohl nicht ernsthaft, daß du deinen Verlag in Deutschland wieder aufbauen kannst. Schlag dir das aus dem Kopf.«

Und daß wir als Freunde nach Deutschland zurückkommen würden, konnte man nach all den unmenschlichen Grausamkeiten und der Mißachtung aller uns lebenswichtigen kulturellen und politischen Werte wohl nicht von uns erwarten. Dieses Deutschland, das uns vertrieben und mit dem Tode bedroht hatte, würde uns nicht mit offenen Armen empfangen. Wie sollten wir ihm und seinen Menschen begegnen?

Ein furchtbares Schicksal war über die Deutschen hereingebrochen. Millionen von Unschuldigen litten für Verbrechen, die in ihrem Namen begangen worden waren und die sie hatten geschehen lassen. Wem konnte man noch trauen? Mit wem sich verständigen, nachdem die Brücken lange abgebrochen waren? Und schließlich: Hatte das Unheil diese Menschen gewandelt, die jetzt ihren braunen Götzen in der Not abschworen? Würden wir nicht als Eindringlinge, als Juden, die ihren Besitz zurückforderten, wieder gehaßt, wieder verfolgt werden – wir, die wir unsere amerikanische Freiheit als lebensnotwendig erkannt hatten?

Peter Suhrkamp war am Leben und wollte den deutschen Verlagsteil, den er als Treuhänder der Familie verwaltet und weitergeführt hatte, das Erbe S. Fischers, zurückgeben.

Tutti in ihrer Herzensgüte, erfüllt von Mitgefühl für die Leiden Suhrkamps, begann ihre eigene Hilfsaktion durch wöchentliche Paketsendungen. Der folgende Brief von Frau Mirl Suhrkamp gibt ein lebendiges Bild von den damaligen Zuständen in Deutschland.

An Gottfried und Tutti Bermann Fischer
381 Fourth Ave.
New York

4. September 1945

Liebe Bermanns,
soeben kamen in Peters Abwesenheit drei überwältigende Pakete auf einmal, die es mir ermöglichen, ihm in Ihrem Namen einen Weihnachtstisch zu machen, vor dem er ungläubig stehen wird. Ich muß meiner Freude sofort Ausdruck geben, sagen Sie auch der lieben Frau Fischer mein Entzücken und meinen Dank. Von drei Ausbombungen und diversen Unfällen her sind wir derartig abgerissen,

daß Peter praktisch nur einen Anzug besitzt, und zwar
den, den er monatelang im Gefängnis trug, wenn er nicht
die Anstaltstracht tragen mußte. So kommt dieser herrliche Stoff wie gerufen, ebenso die Wollhemden von
früher; nein, am liebsten möchte ich jedes einzelne Stück
preisen, wie z. B. den kleinen Spirituskocher, der es ihm
ermöglicht, das Rasierwasser morgens im Zimmer zu machen, ohne durch das eiskalte Haus in die Küche tappen
zu müssen. Ein großer Wunsch von ihm, wenn ich das er-
wähnen darf, wäre ein ganz simples Feuerzeug mit einigen
Reservesteinen, denn in Deutschland gibts keine Streich-
hölzer [...] wäre vielleicht noch eine Schachtel mit Spiri-
tustabletten möglich [...] Leben Sie wohl.

Ihre Mirl Suhrkamp

Peter Suhrkamp schrieb am 25. Februar 1946 aus Berlin:

Lassen Sie sich umarmen, Tutti! – Das pflegt meist am Ende eines Briefes zu stehen und ist dann eine reine Redens-
art, mit der man sich wohl verabschiedet. Sie haben mich
in den letzten Monaten einige Male dem Weinen nahege-
bracht. Und es war kein bloßes Gerührtsein, das uns hier
heute leicht anwandelt – so bloß liegen die Nerven! – Sondern ein Dankopfer aus ergriffenem Herzen. Wie haben
Sie gesorgt! Einmal muß ich offen darüber schreiben:
ohne die unausgesetzte Hilfe seit September 1945 ginge ich
gewiß nicht mehr über der Erde [...]

Wie dringend meine Rückkehr notwendig war, zeigte die
Forderung der ›Re-Education‹-Behörden der amerikanischen Besatzungsarmee, unsere wichtigsten im Exil publizierten Bücher ihnen zur Verfügung zu stellen, damit sie

deutschen Verlegern, die die Verlagslizenz erhalten hatten, übertragen werden könnten. Einen amerikanischen Verlegerkollegen, der für diese Behörde tätig war, fragte ich, ob *er* das tun würde. »Glauben Sie wirklich, daß wir zehn Jahre lang unter widrigsten und gefährlichen Umständen das Werk unserer großen Autoren zusammenhielten, um sie nach diesem Deutschland, das sie vertrieben, das ihre Bücher verbrannt hatte, zu verschenken?« Er sah ein, daß er Unmögliches verlangte.

Die Zusagen über die Rückgabe des Berliner Verlages an uns als die enteigneten Erben waren inzwischen so überzeugend und rechtlich verbindlich, daß ich nicht mehr zögerte, mit der ›Re-Education‹-Behörde einen Vertrag abzuschließen, nachdem die Lizenzrechte an unseren wichtigsten Büchern – wie *Lotte in Weimar*, *Der Zauberberg* und *Doktor Faustus*, *Wem die Stunde schlägt* (Hemingway), *Das Lied von Bernadette* (Franz Werfel), *Die Welt von Gestern* (Stefan Zweig), Carl Zuckmayers *Der Seelenbräu* und *Des Teufels General* – auf diese Behörde übertragen wurden mit der Bestimmung, sie ausschließlich dem Suhrkamp Verlag vormals S. Fischer zur Veröffentlichung zu überlassen.

Noch galt für mich als Amerikaner das Verbot, in Deutschland geschäftliche Unternehmungen durchzuführen. Mit meiner ganzen Energie ging ich daran, den Suhrkamp Verlag vorm. S. Fischer durch die Zuführung meiner Verlagswerke zu reaktivieren. Ich gab dem Suhrkamp Verlag an Lizenzausgaben, was nur immer möglich war. So entstand 1948, nachdem ich auch noch das nötige Papier beschafft hatte, ›*S. Fischers Bibliothek*‹, eine billige Buchreihe mit den glanzvollsten Autoren und den attraktivsten Titeln. Diese Bände waren kartoniert, die Erstauflagen schwankten zwischen 30000 und 45000 Exemplaren, die Ladenpreise lagen zwi-

schen Mark 2,80 und 4,00. Die Umschlagklappen trugen folgenden Vermerk:

»Die Rechte zum Nachdruck dieses Buches in Deutschland wurden dem Suhrkamp Verlag vorm. S. Fischer vom
Bermann-Fischer Verlag Amsterdam übertragen.

Die beiden Verlage, die durch die gewaltsame Auflösung des S. Fischer Verlages Berlin im Jahre 1936 entstanden sind, haben seitdem getrennt gearbeitet. Mit der Veröffentlichung dieser Buchreihe, die im Gedenken an den
Gründer des Stammverlages S. Fischers Bibliothek genannt
wird, nehmen die beiden Verlage die Zusammenarbeit
wieder auf.

Die Autoren des Bermann-Fischer Verlages und der
Verlag selbst haben diese Reihe durch weitgehenden Verzicht auf materiellen Ertrag ermöglicht, um die Konti-
nuität der deutschen Literatur wieder herzustellen.

Gottfried Bermann Fischer, Amsterdam
Peter Suhrkamp, Berlin.«

Der neue Wiener Verlag

Tuttis Bemühungen, von den amerikanischen Behörden eine Einreiseerlaubnis nach Deutschland zu erhalten, blieben lange vergeblich. Erst im Frühjahr 1947 erhielt sie schließlich mit Hilfe unseres Freundes Pierre Bertaux, der als Préfet du Rhone großen Einfluß bei den französischen Militärbehörden besaß und ihnen klarmachen konnte, welche Bedeutung der S. Fischer Verlag für Deutschland hatte, die Papiere für die französische Besatzungszone. Im Juni 1947 kam sie in Baden-Baden an, und wir konnten uns endlich wieder in die Arme schließen und nun mit vereinten Kräften unsere Arbeit am Wiederaufbau unseres Verlages beginnen.

Da in Wien meiner verlegerischen Tätigkeit – im Gegensatz zur amerikanischen Zone in Deutschland – nichts im Wege stand und die Herstellungsbedingungen für Bücher – insbesondere die Papierbeschaffung und die Produktionsmöglichkeiten der intakten Druckereien – außerordentlich günstig waren, ließen wir uns zunächst in Wien nieder und gründeten dort einen neuen Bermann-Fischer Verlag. So konnten wir die unbedingt notwendigen Nach- und Neudrucke für die nicht unbeträchtliche Nachfrage in Österreich herstellen und auch den Berliner Verlag beliefern, der trotz aller Anstrengungen nicht genügend Bücher zu produzieren vermochte.

Wien hatte, verglichen mit Berlin und anderen deutschen Großstädten, nur wenig unter Bombenschäden gelitten. Das mit bunten Ziegeln belegte, unnachahmlich schöne Dach des Stephansdoms war teilweise zerstört, einige Häuser in seiner Nähe, der Graben mit der Pestsäule in seiner Mitte waren schwer beschädigt, ebenso die Oper, während der Ring mit seinen großen Hotels und die Kärntnerstraße mit ihren eleganten Geschäften, die sich wieder mit den Luxusläden von Paris messen konnten, von Weltkrieg und Zusammenbruch nichts ahnen ließen. Das Hotel, in dem Gerhart Hauptmann abzusteigen pflegte und in dem auch wir früher während unserer Besuche in Wien einige Tage verbrachten, Meisel und Schaden, war total zerstört. Das Restaurant war berühmt für sein ›Beinfleisch‹ – ein Stück des Rindes, das in Österreich offenbar in andere Teile zerfiel als in anderen Ländern –, von seinen Gästen so begehrt, daß es 24 Stunden vorher bestellt werden mußte. Der äußerst populäre Oberkellner hatte seine Autobiographie geschrieben, die er den Gästen auf den Platz legte. Das Motto dieses Buches lautete: »Ein Oberkellner, der nicht lächeln kann, wäre besser ein Gast geworden.«

Als Amerikaner waren wir in dem von der Besatzungsarmee requirierten Hotel ›Der rote Hahn‹ untergebracht, wo wir unsere Wiener Freunde, deren Verpflegung auch hier noch gewissen Einschränkungen unterlag, mit lang entbehrten Genüssen erfreuen konnten.

Eines Tages gab es dort eine unerwartete Überraschung. Ein bildschönes junges Mädchen namens Ilse Aichinger ließ sich bei uns melden. Unterm Arm trug sie ein dickes Manuskript, das sie uns schüchtern überreichte. Sie hatte es während der Nazibesetzung heimlich geschrieben. *Die größere Hoffnung* wurde unsere erste Buchveröffentlichung im neuen Wiener Verlag. Wir hatten eine hochbegabte neue Autorin entdeckt, eine große Dichterin, die bis zum heutigen Tage zu unseren liebsten Freunden zählt und deren Werk nunmehr in einer achtbändigen Gesamtausgabe im Taschenbuch versammelt ist.

Unser Verlagsbüro eröffneten wir zunächst in dem über der Buchhandlung unseres alten Freundes Prachner in der Kärntnerstraße gelegenen Halbstock; wir warteten auf die Fertigstellung einer Etage in einem der zerstörten Häuser am Graben, das neben den Büroräumen auch eine kleine Wohnung für Tutti und mich enthalten sollte. Es war eine Freude, hier in dieser in neuem Glanz erstrahlenden Stadt, voll von Erinnerungen an glückliche Jahre, arbeiten zu können.

Schon im Jahre 1948 produzierten wir dort 16 wichtige Bücher, meistens Nachdrucke, 1949 waren es 12 Titel, 1950 nur noch 3, da das Wiener Haus nach Neugründung des S. Fischer Verlages in Frankfurt seine Funktion erfüllt hatte und aufgelöst werden konnte.

Trennung

Der 1945 ›in Trümmern liegende Verlag‹ stand dank der gut verkäuflichen Bücher aus dem großen Rechtebestand der Exilverlage in kurzer Zeit wieder auf gesunder wirtschaftlicher Basis. Wir gewannen mehr und mehr den Eindruck, daß man unserer Hilfe nicht mehr bedurfte und uns als Eindringlinge zu betrachten begann, als Störenfriede, als ›Amerikaner‹ mit abwegigen Vorstellungen von neuen Buchtypen, neuen Vertriebswegen, neuer Buchausstattung. Auch waren erste Anzeichen eines neuen Antisemitismus in Deutschland nicht zu übersehen. Was ich 1945 gefürchtet, aber nicht ernst genommen hatte, begegnete mir allerorten. In meinem Lebensbericht *Bedroht – Bewahrt* habe ich in zwei Kapiteln ›Versprechungen und Vertrauen‹ und ›Ende einer Freundschaft‹ das Verhältnis zu Peter Suhrkamp und die Stationen der Entfremdung beschrieben. In dem 1990 publizierten Band *Gottfried Bermann Fischer / Brigitte Bermann Fischer, Briefwechsel mit Autoren* sind zu den Vorgängen im Jahre 1950 zahlreiche zusätzliche Dokumente abgedruckt und angemerkt, insbesondere innerhalb der Korrespondenzen mit Thomas Mann und Carl Zuckmayer.

Es kam am 26. April 1950 zu einem Vergleich vor der Wiedergutmachungskammer des Landgerichts Frankfurt/Main, demzufolge der Berliner und der Frankfurter Verlag uns zugesprochen wurde. Durch den Spruch des Gerichts befreit von den Intrigen und den immer deutlicheren Forderungen Suhrkamps nach Alleinbestimmungsrecht in allen wichtigen Fragen, von dem vorher niemals die Rede gewesen war, konnten wir nun im Frühjahr 1950 endlich den wieder in unsere Hände gegebenen S. Fischer Verlag im Sinne seines Begründers, unseres Vaters, und erfüllt von unseren Ideen einer freien Menschlichkeit in dieser grauen Welt einer schwer zu überwindenden Vergangenheit neu aufbauen und gegen alle Widrigkeiten, die sich uns entgegenstellten, wieder zu neuer Blüte erwecken.

Tutti, die sich in der Indiana University, Bloomington, USA befand, gab mir damals Mut und Trost. Sie schrieb mir nach vollzogener Trennung von Suhrkamp einen Brief, der ihre Energie und ihr verlegerisches Talent aufs wunderbarste wiedergibt:

Darling, Dein Brief vom 27.4.1950 hat mich natürlich sehr bewegt. Hab Dank für alle Liebe und Fürsorge, die aus ihm spricht, und laß uns über alle Details und Pläne mündlich sprechen, wenn Du wieder hier bist! Inzwischen kam Dein Telegramm und brachte uns die gute Botschaft von der gütlichen Loslösung von Peter S., die ich unter allen Umständen begrüße und für die einzige Lösung halte. Was das für den Verlag, für Dich und mich für Konsequenzen hat, bin ich mir bewußt!
Von Amerika fortzugehen und von allem, was mir hier lieb ist und mich hier bindet, wird mir natürlich sehr schwerfallen. Doch bin ich mir der Verantwortung, am Wiederaufbau des Verlages mitzuwirken, wohl bewußt – und dazu sollte ja nach Peters Ausscheiden der Weg freigemacht sein. Noch sehe ich allerdings gar nicht, in welcher Form ich in dem Betrieb an leitender Stelle arbeiten kann, so daß meine Mitarbeit wirklich Sinn und Gewicht bekommt. Könntest Du Dir das jetzt einmal überlegen und mich wis-

Brigitte Bermann Fischer, Verlagsdirektorin, Frankfurt am Main 1955
in den Verlagsbüros »Im Bienenkorb«

sen lassen? Ich meine, daß ich in der Direktion, also bei der allgemeinen Planung und Gesichtsbildung des Ganzen einen Platz haben müßte. Ich würde meine ganze Kraft und Zeit der Arbeit widmen, aber auch ein entsprechendes Gehalt bekommen sollen, das mir auf der anderen Seite die Freiheit gibt, ein paar Mal im Jahr zwischen Europa und Amerika hin und her zu fahren. Die enge Verbindung mit den Staaten dürfte aus privaten wie auch geschäftlichen Gründen für uns beide wünschenswert sein. Ich hoffe also, daß Du in dieser Richtung schon etwas vorbereiten kannst, bevor Du herkommst!

Pocketbooks: Ein Preis von 90 Pf. [Irrtum von Tutti: der Preis war DM 1,90] scheint mir phantastisch niedrig zu sein und der Serie eine große Chance zu geben. Um so umsichtiger muß man in ihrem Aufbau sein. Ich sehe so sehr die Aufgabe, die uns heute zufällt als Mittler und Aufklärer zu wirken, und ich finde, wir müssen ein solches Instrument ausnutzen und nicht wieder mit den gleichen älteren oder früheren literarischen Büchern füllen, die wir sowieso in den verschiedensten Gestalten bringen.

Das heißt ja nicht, daß ältere Bücher, die für eine solche Reihe umfangmäßig geeignet sind, nicht hineinkommen sollen. Aber die Reihe muß von Anfang an ein eigenes Gesicht haben und für die Jugend da sein. Denn dies sind die ersten Bücher, die preismäßig erreichbar sind für die Jugend! Ich denke mir vielleicht eine Teilung zwischen literarischen und allgemein wissenschaftlichen Büchern, von den heutigen Problemen und von Weltwichtigkeit. Ich bin gerade dabei, die schönen Tage auf dem Campus zu meiner Orientierung zu benutzen und eine Liste für Dich aufzustellen. Bitte laß uns etwas Zeit zu dieser sehr wichtigen Aufgabe, die mich ungeheuer anspricht, interessiert und in

der ich etwas Spezielles leisten könnte! Ich weiß, daß die
Ausgabe auf große Auflagen gestellt ist, und das ist natürlich bei gewissen Titeln ein Problem. Aber ich glaube
auch, daß man mit der Serie als solcher auf große Erfolge
rechnen kann, wenn man die Löcher der Orientierung und
des Wissens ausfüllt, die heute bestehen!
Sei umarmt, Liebster [...]

T.

Nichts konnte mich mit größerer Hoffnung auf unsere Ver-
lagszukunft erfüllen als dieser kluge, weit vorausschauende
Brief Tuttis. Ich telegraphierte ihr:

Überglücklich über Deinen Wunsch aktiver Verlagsleitung
und Deine kluge Voraussicht unserer künftigen Planun-
gen. Erfüllung meiner Hoffnungen unserer Lebensgemein-
schaft. Umarme Dich in Liebe

Goffy

S. Fischer Verlag, Frankfurt

Der Neuaufbau des Verlags ab Frühjahr 1950 gestaltete sich zu einem großen Erlebnis – zusammen mit meiner Frau, die die graphische Ausstattung der Bücher durch Heranziehung begabter Buchkünstler betreute, den gesamten Geschäftsverkehr mit ausländischen Autoren, Verlegern und literarischen Agenturen führte und an der Gesamtleitung engagiert mitwirkte. Mit Dr. Rudolf Hirsch als Cheflektor und kenntnisreichem Berater auf den vielfältigsten Gebieten entwickelten wir ein weitverzweigtes Verlagsprogramm, das geprägt war von unseren großen Stammautoren, die wir durch die Exilzeit herübergerettet hatten, von den Gesamtausgaben der Werke von Sigmund Freud, Franz Kafka, Virginia Woolf, Thornton Wilder, von neuen Talenten wie Luise Rinser, Albrecht Goes, Ernst Schnabel, Herbert Heckmann u. a. und später gefolgt von der Paperbackserie *Welt im Werden*, herausgegeben von Ilse Simitis und Professor Pierre Bertaux, mit grundlegenden Werken zum technischen, ökonomischen und soziologischen Wandel in unserer Zeit.

Den größten Erfolg brachte uns 1958 *Doktor Schiwago* von Boris Pasternak. Mein Freund Kurt Wolff hatte mich das Jahr zuvor zu einem Verlegerempfang anläßlich der Buchmesse in sein Appartement im Frankfurter Hof eingeladen, um mich mit dem italienischen Verleger Giangiacomo Feltrinelli bekannt zu machen, der bei einem Besuch in Moskau die Weltrechte an einem russischen Roman erworben hatte. Es handelte sich um das Werk eines in Deutschland unbekannten russischen Autors, Boris Pasternak, dessen Name mir nur durch seinen Vater geläufig war, den auch in Deutschland geschätzten Maler Leonid Pasternak. Das Buch, das wie keines zuvor einen Blick hinter den Eisernen Vorhang zu versprechen schien, interessierte mich, und ich erwarb von Feltrinelli die deutschen Rechte mit einer Honorarvorauszahlung von $ 5000, damals ein horrender Betrag. Heute würden wahrscheinlich bis zu $ 500000 oder mehr gefordert.

Außerdem wollte Feltrinelli die Rechte an unserer *Weltgeschichte* kaufen, für die ich nun meinerseits eine eher bescheidene Garantiesumme forderte. Weder er noch ich ahnten damals die Konsequenzen unserer Verträge: Der *Doktor Schiwago* von Boris Pasternak wurde zu einem der größten Weltbucherfolge, allein von der deutschen Ausgabe setzten wir in zwei Jahren über 500000 Exemplare ab, und die italienische *Fischer Weltgeschichte* ist bis heute im Feltrinelli-Programm.

Eine gute Freundschaft verband Tutti mit Inge Scholl. Sie hielt an der von ihr nach dem Krieg initiierten Ulmer Volkshochschule Vorträge über die Aufgaben der deutschen Jugend beim demokratischen Neubeginn und bewunderte das hohe Ethos der Schwester von Hans und Sophie Scholl, die ihren Kampf gegen die Nazis mit ihrem jungen Leben bezahlt hatten.

Als Inge und ihr Mann Otl Aicher, der hervorragende Graphic Designer, eine ›Hochschule für Gestaltung‹ nach dem Vorbild des von Walter Gropius 1919 in Weimar gegründeten ›Staatlichen Bauhauses‹ planten, verschaffte meine Frau ihnen durch ihre Beziehungen zum amerikanischen High Commissioner McCloy und durch ihre mitreißende Überredungskunst die Summe von 1 Million Dollar, die, zusammen mit der Unterstützung der Stadt Ulm, den weitläufigen modernen Bau ermöglichte. Mit Geist und Zielen der Hochschule hatte sich Tutti völlig identifizieren können.

Die Unsterblichkeit

Das Fischer Taschenbuch

Daß wir mit unseren Taschenbüchern ohne Kompromisse in neue, unerschlossene Gebiete vorstießen, daß wir mit unserem Glauben an den Qualitätsanspruch der Leserkreise recht behielten und eine verlegerische Aufgabe, wie es sie kaum zuvor gegeben hatte, literarisch, organisatorisch und finanziell meistern konnten, all das verschaffte uns, jenseits des materiellen Erfolges, höchste Befriedigung. Wir fühlten unsere Vorstellungen von Sinn und Zweck des Verlegens von Büchern wunderbar bestätigt.

Die ersten sechs Titel im Jahr 1952 waren ein vorsichtiger Versuch gewesen, sowohl in der Auswahl als auch in der von meiner Frau verantworteten Ausstattung. Die positive Reaktion des Buchhandels ermutigte uns, größere Wagnisse einzugehen mit eindeutig aufklärendem, bildendem, erzieherischem Charakter. So entwickelten wir ein Programm für die Serie *Bücher des Wissens* in der Fischer Bücherei unter der Leitung von Dr. Rudolf Hirsch. Es erschienen im Laufe der Jahre die wichtigsten Texte von Aristoteles, Platon, Augustinus, Erasmus, Luther bis zu Rousseau und Descartes, Kierkegaard und den drei überragenden Persönlichkeiten, deren Erkenntnisse der Nationalsozialismus systematisch unterdrückt und insbesondere der jüngeren Generation vorenthalten hatte: Albert Einstein, Sigmund Freud und Karl Marx.

Die Absatzzahlen von Lincoln Barnetts *Einstein und das Universum*, geschrieben mit Rat und Hilfe von Professor Einstein, zeigten uns, daß wir auf dem richtigen Weg waren. Übertroffen wurden sie noch durch den bald folgenden *Ab-*

riß der Psychoanalyse von Sigmund Freud. Einzelne Bände der Reihe, in der etwa 250 Bände aus allen Gebieten der Geisteswissenschaften, der Kunst, Politik, Zeitgeschichte und der Naturwissenschaften erschienen, haben Auflagenziffern bis zu 500000 Exemplaren erreicht.

Besonderen Wert legten wir auf die Veröffentlichung von Büchern, die jungen Leserinnen und Lesern die Augen öffneten über den Nationalsozialismus und seine Verbrechen. Eine objektive historische Darstellung fehlte zu dieser Zeit, die Schulbücher sparten die Jahre nach 1933 aus: Kaum ein Wort über Konzentrationslager und Deportationen, über Ermordung von Millionen deutscher und ausländischer Juden, über Euthanasie und über Rechtsbeugungen der Volksgerichtshöfe.

Der Nationalsozialismus. Dokumente 1933–1945 von Walther Hofer, Professor für Zeitgeschichte an der Berliner Universität, *Justiz im Dritten Reich* von Frau Professor Ilse Staff, *Medizin ohne Menschlichkeit, Dokumente des Nürnberger Ärzteprozesses*, mitherausgegeben von Professor Alexander Mitscherlich, füllten diese Lücke. Erst recht bewegte das im März 1955 erschienene Taschenbuch *Tagebuch der Anne Frank*, das bis jetzt in über 2,5 Millionen Exemplaren verbreitet wurde, die Deutschen jedes Alters, in seiner Empfindungstiefe und Frühreife eindrucksvoller als jede Dokumentation des Schreckens. Während die literarischen Titel ungeteilten Beifall fanden, setzte gegen unsere wissenschaftlichen Taschenbücher heftiger Widerstand in der Presse ein: nicht etwa gegen ihre Qualität – die war unangreifbar –, aber gegen die »Profanierung höchsten geistigen Gutes durch ihre Massenverbreitung«. Die Achtung vor den geistigen Werten würde durch die leichte Zugänglichkeit zerstört, meinte man, die hier so billig auf den Markt geworfenen Einsichten und Erkenntnisse wären nicht für jedermann bestimmt. Es lohnt sich nicht, gegen diesen Unsinn zu polemisieren, das anspruchsvolle Taschenbuch hat sich in Deutschland in vierzig Jahren seinen Platz erobert. Es ist eine Institution geworden.

Mit dem rapiden Anwachsen der Produktion von zwei Monatsbänden auf acht und mit der Ausdehnung der Reihe *Bücher des Wissens* wurde die Einstellung eines eigenen Verlagsleiters für die Fischer Bücherei notwendig. In Heinz Friedrich – später Leiter des Deutschen Taschenbuch Verlages – fand ich im April 1956 die Persönlichkeit für diese verantwortungsvolle Aufgabe. Sein lebendiges Interesse für die moderne Literatur, für die Geisteswissenschaften, für die pädagogischen Aspekte des Büchermachens und seine jugendliche Spannkraft und Energie, gepaart mit einer klugen Einsicht in die verlegerisch-geschäftlichen Forderungen, ermöglichten es mir, ihm die Leitung des Taschenbuchverlages mehr und mehr zu überlassen.

Im Jahre 1954 konnte ich an die Verwirklichung eines Wunschtraumes gehen: eine Enzyklopädie im Taschenbuch, das *Fischer Lexikon von A–Z*. Heinz Friedrich führte uns einen jungen Mann zu, Ivo Frenzel, der durch seine umfassende akademische Bildung und seine große Personenkenntnis in allen Disziplinen wie geschaffen für diese Aufgabe war. Er begann seine Arbeit im Mai 1956 und entwickelte eine systematisch gegliederte Gesamtübersicht über das Wissen unserer Zeit in 40 Bänden. 1971 betrug die Gesamtauflage sechseinhalb Millionen Bände. Es folgte die *Fischer Weltgeschichte*. Professor Jean Bollack, Gräzist an der Universität Lille, gelang es, in kaum mehr als neun Monaten 80 Historiker aus fünfzehn verschiedenen Ländern für den 35 Bände umfassenden Plan zu gewinnen, darunter 32 Franzosen,

17 Deutsche, 11 Engländer, 9 Amerikaner, 4 Belgier und 10 Italiener.

Bei der Vielzahl von Plänen und der Verschiedenartigkeit der Arbeitsgebiete fürchteten wir, die Kapazität der Mitarbeiter zu überfordern. So berief ich einen Beraterstab aus den verschiedensten Fakultäten zusammen, darunter Professor Walther Hofer als Geschichtswissenschaftler, Professor Walther Killy als Germanisten, Professor Helmut Viebrock als Anglisten, Professor Jean Bollack und Professor Pierre Bertaux für politische und historische Themen, Professor Hans Kohn von der Columbia University, New York, für allgemeine geisteswissenschaftliche Fragen und Professor Golo Mann für deutsche Geschichte. Wir trafen uns in regelmäßigen Zeitabständen, sommers in unserem Haus in der Toscana, wo wir uns neue Ideen zuspielten und so lange diskutierten, bis eine Realisierung möglich schien. So entstanden unter anderem die hundert Bände der Reihe *Exempla Classica*, herausgegeben von Professor Killy, und die vier Bände *Geschichte in Gestalten*, herausgegeben von Professor Dr. Hans Herzfeld, Freie Universität Berlin, mit 69 Mitarbeitern.

Wie vorauszusehen war, zog die immer größer werdende Anzahl der jeden Monat erscheinenden Taschenbücher eine neue, große Käuferschicht in die Buchhandlungen, so daß Vertrieb, Vertreterstab, Werbung neu organisiert werden mußten. An der Hochschule für Gestaltung in Ulm entwarf Otl Aicher auf Tuttis Anregung eine Drehsäule, die Neuerscheinungen und wichtige ältere Taschenbücher übersichtlich präsentierte.

Die Buchhändler waren nicht leicht dazu zu überreden, diese ›Maschine‹ zu akzeptieren, die wir zunächst kostenlos lieferten: »Wo sollen wir diese Dinger bloß aufstellen?« Und

Brigitte Bermann Fischer, Buchmesse 1961

wenn meine Frau entgegnete: »Natürlich vor dem Eingang Ihrer Buchhandlung auf der Straße«, war stets die Antwort: »Dann werden uns die Bücher gestohlen.«

Aber der Widerstand dauerte nicht lange. Man richtete Abteilungen für Taschenbücher ein, fand Platz für die Säulen, und da die Nachfrage nicht nachließ, boten wir die ›Ständer‹ gegen einen geringen Kostenzuschuß gemeinsam mit Rowohlt und Ullstein dem Buchhandel an.

Im Laufe von achtzehn Jahren hatten wir nach dem Krieg unseren alten Verlag wieder neu geschaffen: zu den angestammten großen Autoren waren junge Deutsche, Österreicher, Schweizer und viele Ausländer getreten, die wissenschaftliche Abteilung gewann mehr Bedeutung, als sie je besessen hatte, der Theaterverlag gedieh, und die jetzt als Vierteljahrsschrift erscheinende ›Neue Rundschau‹ galt als wichtiges Forum der aktuellen intellektuellen Auseinandersetzung und Bewahrerin der Verlagsvergangenheit.

Im Jahre 1964 – ich war inzwischen 67 Jahre alt und des überall einsetzenden wilden Konkurrenzkampfes müde, der jedes moderne Verlagsunternehmen von Grund auf veränderte – beschlossen wir, uns aus diesem Getriebe zurückzuziehen, um uns unseren künstlerischen Interessen zu widmen, denen wir so lange Jahre nicht nachkommen konnten.

Mein Freund Georg von Holtzbrinck, mit dem zusammen ich eine Buchdruckerei in Hamburg besaß, erwarb den Verlag und übergab ihn 1974 seiner Tochter Monika Schoeller, die ihn mit vielen fähigen Mitarbeiterinnen und Mitarbeitern ganz im Sinne seiner alten Tradition in zwanzig Jahren als einen der größten literarischen Verlage Deutschlands weitergeführt hat.

Im Jahre 1955 hatten wir auf einer Fahrt durch die Toskana unserem großen italienischen Verlagskollegen Alberto Mondadori und seiner Frau in seiner prächtigen Villa in der Umgebung des kleinen Ortes Camaiore einen Besuch abgestattet. Die Lage seines Besitzes mit dem großartigen Blick über das weit bis zum Meer sich erstreckende Tal und auf die von Olivenbäumen bepflanzten Vorberge des Apennin nahmen uns so gefangen, daß wir begannen, uns in der Gegend wegen eines Hauses umzusehen.

Camaiore ist eine kleine Stadt von 30 000 Einwohnern, neun Kilometer vom Tyrrhenischen Meer und den eleganten Touristenorten Viareggio und Forte di Marmi entfernt. Die einfachen Geschäfte hielten natürlich den Vergleich mit den prunkenden Filialen Florentiner und Mailänder Luxusfirmen nicht aus, aber alles zum täglichen Gebrauch Notwendige wurde reichlich und preiswert angeboten. In den vielen Cafés führten die Männer die temperamentvollsten Gespräche über Gott und die Welt, wobei wir als Fremdlinge den Eindruck hatten, daß sie einander gar nicht zuhörten und nur des Redens wegen redeten. An Feiertagen erstrahlten die Häuser von vielen tausend Kerzen, die in hölzernen Gestellen an den Häuserfronten steckten.

Von Camaiore aus führt eine Straße die Berge hinauf und in steilem Anstieg und vielen Kurven zu dem Pieve di Camaiore genannten Kirchspiel und von dort aus an den Abhang des nur noch zu Fuß erreichbaren Berges Prana. Als wir von der Höhe, etwa 300 Meter über Camaiore, hinunterblickten, sahen wir unter uns eine weite Rasenfläche, wie geschaffen für den Bau eines Hauses. Wir stiegen hinunter zu einem Plateau von etwa 1500 qm, das einen noch weiteren, noch schöneren Rundblick gewährte als selbst die Mondadori-Villa. Allein die Glocken der aus dem neunten Jahrhundert stammenden Pfarrkirche von Pieve mit ihrem vierkantigen, von hohen Fensterhöhlen durchbrochenen Turm unterbrachen die Stille; sonst drang kein störendes Geräusch des Betriebs unten in der Tiefe des Tales hier herauf. In diesem friedlichen Paradies wollten wir unsere letzte Heimstatt errichten, die ›Casa Fischer‹, hier sollten unsere Wünsche und Träume, die ein abenteuerliches, umhergetriebenes und gefährdetes Leben aufgeschoben und verdrängt hatte, Wirklichkeit werden.

Bevor wir aber diesen herrlichen Platz erwerben konnten, mußten wir zunächst den Besitzer ermitteln und die nähere und weitere Umgebung erforschen. Es stellte sich heraus, daß der weite Rasenplatz zu einem 14000 qm großen Weinberg gehörte, der sich in sanftem Abfall bis nach Pieve erstreckte. Apfel-, Kirsch- und Birnbäume standen zwischen den Reihen der Weinreben, und leuchtende Zitronen und Orangen schimmerten durch das dichte Laub ihrer Zweige. Am Fuße des Abhangs stand ein riesiger Feigenbaum, übervoll von Früchten, sein knorriger Stamm verwies auf sein hohes Alter.

Am 23. September 1955 erwarben wir dieses Stück Erde, zu dem auch noch ein kleines Bauernhaus mit einer Weinkelter gehörte. Mit Hilfe zweier Florentiner Architekten, die unseren Wunsch respektierten, mit den alten, zum Teil prächtigen Palazzi nicht konkurrieren zu wollen, wuchs die ›Casa Fischer‹ empor.

Hans Sahl, dessen ›Roman einer Zeit‹ *Die Wenigen und die*

Vielen 1959 bei uns erschienen war, hat in unserem Gästebuch am 22. 8. 1961 einen Hymnus auf dieses Haus geschrieben:

»Von Viareggio kommend, auf zuerst gerader, dann gewundener und sich verengender Straße, sieht man sich plötzlich, bei einer jähen Rechtswendung, einem Anwesen gegenüber, das wie ein Wirklichkeit gewordener Kindheitstraum auf einem von Cypressen umstandenen Hochplateau daliegt. Verborgen den Blicken Zudringlicher und doch weit hinausschauend über Tal und Berge bis hinab zum Mittelländischen Meer, stellt es in seiner terrassenförmigen Anlage auf halbem Wege zwischen Unten und Oben eine Synthese von Weltabkehr und Weltoffenheit dar, von Zurückgezogenheit und um sich blickender Aufgeschlossenheit und Gegenwart.

Das Haus und alles, was dazugehört, ist ein einziges Kunstwerk, das alle Merkmale eines solchen aufweist: die Beziehung der Teile zueinander und zum Ganzen, dem sie, bei aller individueller Abweichung, untergeordnet sind. Wenn man unter Stil die Einheit im Besonderen versteht, so ist dies hier aufs glücklichste gelungen. Auch wenn man die Inhaber dieses Hauses nicht kennte, so wüßte man, wer sie sind. Die Formensprache der Moderne drückt sich ebenso in der klar das Strukturelle betonenden, den Gegebenheiten des Zusammenlebens angepaßten Gestalt des Gebäudes aus wie in den zahlreichen, oft unauffällig und doch mit überlegtem Geschmack aufeinander abgestimmten Einzelheiten, in den Beziehungen der verschiedenen Farben zueinander, der Stoffe und Mosaiken, der Kacheln und Fußböden, die gleichsam leitmotivisch durch das Haus klingen und es, auf eine vornehm-abstrakte Weise, ›bunt‹ machen.

Hineinverschmolzen in dieses moderne Wohn- und Raumgefühl ist ein Sinn für Tradition, nicht nur in der Art, wie das Haus – bei aller Leichtigkeit – in die Landschaft gesetzt ist, als etwas zugleich Seßhaftes und Dauerhaftes, sondern ebenso in der Liebe zum Detail, auch zum handwerklich Gediegenen und Brauchbaren, wobei sich eine höchst reizvolle Verbindung von Rustikalem und Synthetischem, von Bauernhaus und Bauhaus ergibt. Die Kultur der alten Welt und die technischen Erfahrungen der neuen haben somit ein Ganzes geschaffen, das von dem urbanen Geist seiner Bewohner zeugt. Swimmingpool und Weinberg, lodernde Kaminfeuer und elektrisch angestrahlte Baumgruppen ergeben eine Harmonie, die uns das Gefühl vermittelt, Menschen des 20. Jahrhunderts zu sein, die das Vergangene schöpferisch in den Prozeß neuer Formgestaltung aufgenommen haben. Das Resultat ist eine seltsam erregende Aktualität des ästhetischen Eindrucks. Man lebt gleichzeitig in verschiedenen Zeiten und weiß doch, daß man ungewöhnlich zeitgemäß lebt.

Es wurde von der Liebe zum Detail gesprochen. Auch der Gast ist ein Detail dieses Hauses, ein lebendiges Zubehör, nicht nur Ornament, sondern atmender Bestandteil einer nicht zuletzt für ihn bestimmten und erdachten Architektur. Ja, fast scheint es, als wäre von allen Ideen, die bei dem Bau und der Planung des Hauses mitwirkten, die der *Gastfreundschaft* von entscheidender Bedeutung gewesen. Die Liebe zum Gast als einem organischen Bestandteil des Hauses drückt sich ebenso in den verschiedenen, in sich abgeschlossenen Appartements aus, die ihm bei aller Zugehörigkeit ein Gefühl absoluter Freiheit geben sollen, wie auch in den vielen kleinen Aufmerksamkeiten, die ihn erwarten: von der Handbibliothek im Zimmer bis zu dem

Casa Fischer, Camaiore

Kästchen mit Toilettensachen, für den Fall, daß er dies oder jenes vergessen haben sollte. Daß jedes dieser Appartements einem der Kinder gehört, macht sie für den Gast nur noch kostbarer: er fühlt sich zum Familienmitglied ernannt, wie die Autoren des S. Fischer Verlags zu Kindern des ›Hauses‹ werden.

Wir müssen diese fragmentarische und etwas lückenhafte Beschreibung leider abbrechen, da zum Essen gerufen wird – einem Essen im Freien diesmal, wo neben brennenden Scheiten eine renaissancehaft gedeckte Tafel und Speisen mit Salbei und Rosmarin den Gast unter einem italienischen Sternenhimmel und im Anblick der schon dunkler werdenden Landschaft der Toscana erwarten. Ein wenig später wird, wenn der Mond das letzte Wort hat im Gespräch der Gestirne, ein verzauberter Prinz in Gestalt eines wie aus Erz gegossenen schwarzen Hundes auf der Empore sitzen, während Papagenos Gesang den im goldenen Käfig schaukelnden Chronisten langsam in den Schlaf wiegt [...]«

In unserer Begeisterung über die Schönheit unseres neuen Besitzes hatten wir ganz vergessen, uns nach dem Vorhandensein von Wasser zu erkundigen. Leichtfertig hätten wir in eine katastrophale Lage geraten können. Das einige Jahre später zur Auffindung einer Quelle benutzte Echolot gab es damals in Camaiore nicht. Aber Nachbarn erzählten von einem Wünschelrutengänger, der uns helfen könnte. Sehr viel Zutrauen hatte ich zu dem alten Mann mit seiner Weidenrute nicht, als er sich bei uns einfand. Ich hielt das Zutrauen zu seinen Fähigkeiten für baren Aberglauben, sollte aber rasch eines Besseren belehrt werden. Als er seine Rute in beiden Händen vor sich hertragend das Gelände abschritt, wo die Hinterwand unseres Hauses aufgeführt werden sollte, sah ich, daß plötzlich die nach oben gerichtete Rute wie nach einem harten Schlag nach unten zeigte. »Hier ist Ihre Wasserquelle«, sagte der alte Zauberer, »in 22 m Tiefe.« Es war kaum zu glauben. Da es keine Bohrmaschinen gab, errichteten drei Arbeiter ein pyramidenförmiges, ca. 10 m hohes Gerüst über der Fundstelle und ließen eine schwere, mit einer scharfen Spitze versehene Eisenstange, die mit einem Rad durch ein langes Seil verbunden war, hinuntersausen. Dann drehten sie die Stange wieder bis zur Höhe des Gerüsts hinauf, um sie erneut hinunterfallen zu lassen. Wochenlang bohrten sie auf diese vorsintflutliche Weise in die Tiefe. Ich glaubte nicht an einen Erfolg – bis eines Tages die Arbeiter mit lautem Geschrei die schwere Stange zu mir trugen, um mir ihre feuchte Spitze zu zeigen: sie war tatsächlich auf Wasser gestoßen. Es bedurfte nur noch weniger Tage, um mit einer anderen Stange, die mit einem scharfen Schraubengewinde versehen war, das in 22 m Tiefe fließende klare Wasser zu erreichen. Es kam von der Höhe der Berge und mußte nur noch durch eine Pumpanlage in ein 35 000 Liter fassendes Reservoir gepumpt werden, das die Architekten anlegten.

Auf halber Höhe des Abhanges befand sich eine kleinere Rasenfläche, auf der wir angesichts unseres Wasserreichtums ein großes Schwimmbecken aushoben, dessen Wände mit blauen Mosaikplättchen belegt wurden.

Die nach Westen gerichtete Hausfront des langgestreckten Bungalows besteht aus drei ca. 3 × 3 m großen, vom Dach bis zum Boden reichenden Fenstern, die auf Knopfdruck in den Keller versenkt werden können, so daß der große dahinterliegende Hauptraum des Hauses direkt in die Rasenfläche übergeht – ein idealer Freiluft-Konzertraum, von hohen Zypressen und Rosengärten umgeben. In diesem weiten

Hauptraum spielte sich unser tägliches Leben und das unserer Gäste ab. Zwischen dem ›Living-Room‹ und dem Speisezimmer befindet sich ein offener Kamin, dessen trichterförmige Abzugsröhre von der Decke herabhängt. Um seinen unteren Rand schlingt sich ein Messingband, das die aus dem Hause Boccaccios stammenden Zeilen trägt: POESIS ANIMA MUNDI – LITTERIS SERVABITUR ORBIS [Dichtkunst beseelt die Welt, Wissenschaft dient der Menschheit].

In dem nach außen offenen Raum veranstaltete meine Frau mindestens zwei Konzerte pro Jahr, denen unsere Freunde und Bekannten aus nah und fern, auf dem Rasen sitzend und liegend, mit Hingabe lauschten. Die Musiker saßen innen – Streichquartette und Streichtrios, Klavierquartette und Solisten, wie das Quartetto di Roma, das Klaviertrio Santoliquido, das Graudamsche Klaviertrio, das Moskauer Borodin Streichquartett, Pianisten und Geiger wie Guido Agosti, Arrigo Pelliccia, Rostislav Dubinski und Pavel Vernikow. Unvergeßlich ist mir vor allem Brahms' strahlender *Liebeslieder-Walzer*, gesungen von einem Sopran, einer Altstimme, einem Tenor und einem Baß, Tutti und die Pianistin Santoliquido begleiteten vierhändig.

Reisen

Es war unser Ehrgeiz, unsere Umgebung mit den bis 1600 m hohen Bergen zu erkunden. Ihre Abhänge sind von Olivenwäldern bedeckt, durch die nur schmale Maultierpfade in steilem Anstieg zu den Gipfeln führen. Den Weg hinauf muß man selbst finden, bis man jenseits der Baumgrenze auf freiem Feld den Gipfel vor sich auftauchen sieht. Von dem schmalen Gipfelplateau erblickt man im Osten die 2000 m hohen Berge des Apennin, nach Westen das Tyrrhenische Meer.

Die unerschöpflichen Schönheiten Italiens und insbesondere der Toskana und ihrer Kunstschätze in den Museen der Städte und selbst in kleinen, versteckt liegenden Orten entdeckten wir auf unseren langen Autofahrten, die uns bis an die Südspitze von Sizilien führten.

Jedes Jahr verbrachten wir drei Monate in Rom, wo wir in einem der schönsten Paläste Quartier bezogen. Hier umbrauste uns nach unserem stillen Leben in unseren Bergen das Leben dieser herrlichen Stadt, deren unerschöpflichen Reichtum an Schätzen aus über zweitausend Jahren es zu bewundern galt. Man könnte Jahre damit verbringen, sie alle aufzuspüren und an ihnen den Lauf der Geschichte zu verfolgen: Von den Etruskern und den gewaltigen römischen Bauten des Colosseums und des Forum Romanum bis zu den Sammlungen der großen Museen auf dem Kapitol, in den Vatikanischen Galerien – unmöglich, alle Namen aufzuzählen oder aus der Fülle auszuwählen oder die überwältigende Schönheit der Sixtinischen Kapelle mit Michelangelos Deckengemälden und dem gigantischen *Jüngsten Gericht* auf der Altarseite zu beschreiben oder die Gräber von Tarquinia, die in der Tiefe von 10 Metern ihre buntfarbigen Fresken bewahrt haben.

Ostia antica, ein paar Kilometer von Rom am Meer gelegen, ca. 400 v. Chr. gegründet, ist in seiner ganzen Ausdehnung erhalten und bewahrt in den Ruinen die Architektur einer antiken Stadt mit Häusern, Geschäften und Gräbern, durchzogen von breiten steingepflasterten Straßen, geschmückt mit hohen Säulen und phantasievollen Mosaiken. Die Custodin Raissa Calza, Professorin der Archäologie, war unsere Freundin. Sie lebte in einem kleinen Haus, das für die Direktion erbaut worden war, und empfing dort ihre Freunde, denen sie die Vielfalt des Ortes erklärte.

Einer ihrer ersten Besucher nach dem Ende des Krieges war, wie sie uns erzählte, ein Oberst der amerikanischen Armee, der staunend herumwanderte und schließlich fragte: »Wieso liegt denn die Stadt völlig in Trümmern? Wir haben sie doch gar nicht bombardiert!«

Für den Besuch von Pompeji hatten wir mehrere Tage vorgesehen. Die aus dem 6. Jh. v. Chr. stammende, vom Ausbruch des Vesuv und seinem gewaltigen Aschenregen im Jahre 79 n. Chr. überraschte Stadt ist noch weit besser erhalten als Ostia und gibt dem Besucher ein eindrucksvolles Bild der Gebäude und der Bewohner, die dem Aschenregen nicht mehr hatten entfliehen können.

Zum Frühstück im englischen Tearoom Tee und ›Muffins‹ zu genießen, auf den Stufen der Spanischen Treppe zu sitzen, auf die reiche Via Condotti hinunterzublicken und später das altberühmte Café Greco zu besuchen, wo sich alle Welt traf, den guten Café schlürfte und den neuesten Klatsch hörte, auch das gehörte zu den römischen Tagen, wie der

Besuch auf dem von hohen Pinien geschmückten Pincio, von dem man auf die Piazza del Popolo hinunter sieht.

So manches Kunstwerk, das wir hier in den zahlreichen Antiquitätenläden der Via Babuino und der Via Margutta entdeckten und zu damals noch erschwinglichen Preisen erstehen konnten, wanderte in unser Haus, so eine vollkommen erhaltene Skulptur der Faustina, der römischen Kaiserin, deren Tempel auf dem Forum Romanum steht, ein römischer Säulenstumpf, der mit einer großen runden Glasplatte versehen die Veranda des Hauses schmückt, ein Tisch für Teestunden, eine etruskische Totenurne und mehrere römische Säulen, die den Eingang des Hauses zieren.

Befreit von den täglichen Sorgen eines harten Lebenskampfes konnten wir uns jetzt ganz den Herrlichkeiten der jahrtausendealten Kultur Italiens widmen. In unserer unstillbaren Begierde, dieses kunst- und menschenfreundliche Land kennenzulernen, ermüdeten wir nicht.

Aber auch die Vereinigten Staaten, die wir, in den Kriegsjahren auf New York und Old Greenwich konzentriert, nur als Hintergrund unserer Arbeit kannten, waren ein interessantes Reiseziel. Unsere älteste Tochter Gaby hatte den jungen Dirigenten Thomas Baldner geheiratet, der an der Universität von Baton Rouge im Staate Louisiana lehrte. Sie erwartete dort 1952 ihr erstes Kind, und wir fuhren hinüber, um unser erstes Enkelkind bei seiner Ankunft in dieser Welt zu begrüßen.

Baton Rouge war damals eine wilde Stadt: aus dem von Öl durchtränkten Boden schossen überall Flammen empor, in denen die Anwohner ihren Abfall verbrannten. In der Mitte des Hauptplatzes erhob sich eine Feuersäule von mindestens 5 m Höhe.

Hier herrschte noch strenge Rassentrennung. In den Warteräumen der Ärzte, in den Autobussen befanden sich Abteile für Schwarze, denen auch der Zugang zu Restaurants oder Hotels verboten war. An den Ufern der Seen saßen, still wie Steinfiguren, die Pelikane.

Franca und Giuseppe

Für die Verwaltung unseres großen Hauses und die Pflege des Gartens mit seinen Weinreben, Blumenbeeten, Obstbäumen und Gemüsen bedurften wir dringend einer zuverlässigen Hilfe, zudem wir mehrmals im Jahr nach den USA und nach Deutschland reisen mußten und mehrere Monate in Rom verbrachten. Ein schöner Zufall kam uns zu Hilfe und brachte uns ein junges Ehepaar aus einem kleinen toskanischen Dorf in der Nähe von Arezzo ins Haus.

Im August 1958 wollte uns ein italienischer Freund – Kunsthistoriker von Beruf – in Arezzo und Umgebung die Werke des großen Malers Piero della Francesca zeigen. Kurz vor Arezzo – wir fuhren damals einen offenen amerikanischen Wagen – ließ er in dem Ort mit dem merkwürdigen Namen Palazzo del Pero (Birnbaumpalast) anhalten und rief mit lauter Stimme »Franca«, worauf auf dem Balkon des an der Straße gelegenen Hauses ein junges Mädchen erschien, das er zu uns herunterzukommen bat. Freundlich lächelnd betrachtete sie neugierig diese Fremden, die kaum Italienisch sprachen und für ihr Haus in Pieve eine Haushilfe und Köchin brauchten. Ohne zu zögern nahm sie die Stelle an, unter der Bedingung, daß wir auch ihren Verlobten mitbeschäftigen würden.

Wir verabredeten, daß wir in zwei Stunden zurückkehren würden und den jungen Mann, der gerade im Wald arbeitete, kennenlernen wollten. Und siehe da: Der Verlobte, Giuseppe, ein hübscher, schlanker, intelligent aussehender junger Mann von 33 Jahren, war begeistert von der Aufgabe, als

Verwalter für alle Arbeiten in Haus und Garten neben einem in der Nähe wohnenden Bauern zuständig zu sein. Jetzt, erklärten Franca und Giuseppe, könnten sie heiraten.

Das junge, beherzt zugreifende Paar übertraf alle unsere Erwartungen, und seit 35 Jahren verbindet uns ein vertrauensvolles Freundschaftsverhältnis, dessen meine Frau und ich gerade im Alter dringend bedurften.

Da sie darauf bestanden, daß wir an ihrer Hochzeitsfeier teilnehmen müßten, verschoben sie das Fest um ein halbes Jahr bis zu unserer Rückkehr aus den USA. In der Kirche des kleinen Ortes fungierte ich als Trauzeuge. Am Hochzeitsessen nahm die gesamte Bevölkerung des kleinen Ortes teil – vom Ältesten bis zum Baby.

Nur durch einen kleinen Hof von unserem Haus getrennt, hatten wir noch ein Gebäude errichten lassen, in dem die Wäscherei und die Eisschränke Platz fanden, daneben eine möblierte Drei-Zimmer-Wohnung mit Küche und Bad, die sie nun bezogen. Von Anfang an umsorgten sie uns wie ihre eigene Familie.

Die Weinernte, die Giuseppe mit Hilfe einiger Bauern aus der Umgebung und mit unserer eigenen Mitwirkung einbrachte, ergab etwa 2000 Liter roten und weißen Weines. In den großen Fässern unserer Kelter erreichte er einen Alkoholgehalt von ca. 10 Prozent. Bei Abschluß der Ernte fanden sich dann alle Beteiligten zu einem köstlichen Festessen im Hause ein, das aus Francas Küche stammte.

Die Toskaner sind ein besonderer Menschenschlag: freundlich, intelligent und stolz. Man muß als Fremder vorsichtig sein, um sie nicht durch eine unvorsichtige Bemerkung zu verletzen. Wenn man sich ihrer Eigenart anpaßt, kann man ihrer Hilfe und ihres großen handwerklichen Geschicks gewiß sein. Und sie beherrschen alle Berufe: es gibt noch den Schuster auf seinem kleinen Schemel, den Tischler und den Glaser, den Rahmenmacher, den Maurer und den Klempner. Hier, in unserem kleinen Ort, leben und arbeiten sie unberührt von den Touristen unten in den Städten am Meer. Schon nach kurzer Zeit waren wir als die ›Fischers‹ bekannt, wenn auch nicht so populär wie unser Giuseppe, der täglich seine Einkäufe im Ort besorgte, die Handwerker herbeiholte und bei allen Behörden unsere Sache intelligent vertrat, solange unser mangelhaftes Italienisch nicht ausreichte.

Marmor und Bronze

Nur etwa zwanzig Autominuten entfernt von unserem Haus befinden sich zwei kleine Ortschaften, Pietrasanta und Querceta, berühmte Zentren für Bronzeguß und Marmorarbeit. Etwas weiter weg liegt Carrara am Fuß der weißleuchtenden, wie mit Schnee bedeckten Gipfel der Marmorberge des Apennin, die seit vielen hundert Jahren unerschöpflich den weißen Marmor liefern.

In Pietrasanta ließ ich meine in Ton oder Gips und Wachs gefertigten Skulpturen in dem komplizierten Bronzegußverfahren herstellen, dessen Technik sich von Generation zu Generation in uralten Familienunternehmungen vererbt. Bildhauer aus aller Welt reisen hierher und beraten sich mit den Gießern oder den erfahrenen Arbeitern in den Marmorbrüchen.

Michelangelo hat zeitweise in Pietrasanta gelebt, wie eine Gedenkplatte an einem Wohnhaus in Erinnerung bringt, und ließ sich den weißen Marmor, der aus den Bergwänden in 2000 m Höhe herausgeschnitten wurde, mit Ochsengespannen heruntertransportieren. Er schuf in Florenz und Rom seine berühmten Riesenfiguren, den *David* und die unvollendeten *Sklaven* vom Julius-Grab.

Neben vielen unbekannten Italienern, Amerikanern und Engländern waren es die beiden größten damals lebenden Bildhauer, Henry Moore und Marino Marini, mit denen uns bald nahe Freundschaft verband.

Henry Moore, der in der Nähe von London in einem schönen, altenglischen Haus lebte, hatte auf seinem großen

Henry Moore vor einer seiner Skulpturen bei der großen Ausstellung
auf dem oberen Belvedere, Florenz, 7. Mai 1972
Im Hintergrund die Kuppel des Doms von Florenz
Widmung in der unteren rechten Ecke:
»For Tutti + Goffy from Henry, May 7th 1972«

Grundstück, wo eine Schafherde weidete und viele seiner Skulpturen aufgestellt waren, seine eigenen Werkstätten, in denen er die Entwürfe für seine großen abstrakten Marmorfiguren anfertigte. Er bezog jedes Jahr im Frühjahr sein kleines Haus in Forte di Marmi, um in dem großen Marmorwerk Henraux in Querceta mit Hilfe zahlreicher Arbeiter seine riesenhaften Skulpturen aus dem Marmor herauszuschlagen. Es war ein schönes, vertrauensvolles Verhältnis, das Tutti und mich viele Jahre bis zu seinem Tod im Jahre 1986 mit diesem zarten kleinen Mann verband, dem man seine Kolossalfiguren nicht zugetraut hätte. Seine charaktervolle, liberale Gesinnung, die keine Kompromisse kannte, weder in seiner Kunst noch sonst in seinem Leben, bewunderten wir sehr.

Marino Marini und seine Gattin Marina standen uns durch ihren ständigen Wohnsitz in Italien, teils in Forte di Marmi, teils in Mailand, fast noch näher. Er war ein echter Toskaner, in Pistoia geboren. Nach Studien in Italien und in Paris, wo er mit den meisten französischen Bildhauern Freundschaft schloß, schuf er sein großes Werk, das in vielen Museen der Welt und auf den Plätzen der Städte seine einzigartige Schöpferkraft beweist. Viele seiner Skulpturen entstanden auf einem kleinen Platz an der Front seines Hauses in Forte. Ich sehe ihn noch, wie er hoch oben auf dem Rücken eines vier Meter hohen, aus Gips aufgebauten Pferdes arbeitete, das nach Vollendung in diesem Material in die Gießerei wanderte, um von dort an seinen endgültigen Platz in Den Haag verschifft zu werden.

Die Gipsabgüsse seiner Porträts berühmter Persönlichkeiten versah er mit einer leichten Kolorierung. Sie sind im Museum für moderne Kunst in Mailand zu sehen, wo auch mein Porträt steht, das er zu meinem 60. Geburtstag geschaffen hatte. Sein Hauptwerk aber ist dank der Initiative seiner

Marino Marini mit Brigitte Bermann Fischer
an seiner Arbeitsstätte in Querceta, September 1971

Frau im Marino Marini Museum in Florenz versammelt, und zwar in dem umgebauten Innenraum der ehemaligen Kirche San Pancracio, die die Stadt Florenz zu diesem Zweck zur Verfügung gestellt hat.

Die vollendete Schönheit dieser Ausstellung läßt sich kaum in Worte fassen. Der Florentiner Architekt Bruno Sacchi hat für jede Skulptur einen besonders geformten, von oben beleuchteten Raum geschaffen, der jede Figur in ihrer einzigartigen Vollendung zur Geltung kommen läßt. Vor dem die ganze Rückseite des Raumes einnehmenden Fenster erhebt sich eine Kopie der in Den Haag befindlichen Skulptur, die mit Erlaubnis der Stadtverwaltung Den Haags für diese Ausstellung in Bronze abgegossen worden war.

Relief Samuel Fischers von GBF, Berlin, Erdener Straße 8

Freundschaften

Wenn ich zurückblicke auf meine fast hundert Lebensjahre, drängt sich mir die Frage auf, was sie erfüllt und reich gemacht hat. Und eines wird deutlich: es war nicht der stete Kampf, selbstgesteckte Ziele zu erreichen, es war nicht die Anstrengung, Gefahren und Abenteuer dieses Lebens zu bestehen, die immer wieder unseren Lebensmut herausforderten, es war für uns beide das Gefühl der Gemeinsamkeit und Freundschaft mit unseren Schicksalsgenossen, das uns wie ein Schutzwall gegen die anstürmenden Bedrohungen umgab. Ich muß mich damit begnügen, dreier Männer hier zu gedenken, die unser Leben und Tun herausragend bestimmten; die Erinnerung an viele andere bewahren unsere Autobiographien und die beiden Bände *Briefwechsel mit Autoren*.

Thomas Manns Verhältnis zu mir möchte ich – wenn diese Charakterisierung erlaubt ist – eine autoritäre Freundschaft nennen. Sie war durch drei Faktoren bestimmt: Durch sein verehrungsvolles Zutrauen zu S. Fischer, durch seine väterlich-liebevolle Zuneigung zu meiner Frau und schließlich durch ein von Kritik nicht freies Verständnis für meine professionelle Kompetenz.

Die Mischung von Lob und Vorwurf verwundert nicht: In diesen Jahren tödlicher Gefährdung konnte eine falsche Entscheidung die Vernichtung unserer Existenz, meines Lebenswerks bedeuten. Meine Insistenz, den Verlag als eine gewachsene Einheit aus Nazideutschland zu retten und ihn

Thomas Mann, 1946
(Camera Press, London)

nicht durch frühzeitige Auswanderung mit den alten Eltern, die ohnehin Deutschland nicht verlassen wollten, den Nazihorden auszuliefern, war Anlaß zu ständigen Auseinandersetzungen. Ob die beiden ersten *Joseph*-Romane noch in Deutschland erscheinen sollten, war nicht bloß ein Streitpunkt zwischen uns; Thomas Mann selber wollte im Grunde nicht auf seine deutschen Leser verzichten, machte mir aber auch zum Vorwurf, daß ich mich nicht mit dem Amsterdamer Querido Verlag vereinigte.

Schließlich trug die über dreißig Jahre alte Freundschaft den Sieg davon: Er sah ein, daß ich für unsere Auswanderung Anfang 1936 den richtigen Moment und für die Fortführung der verlegerischen Arbeit die günstigste Ausgangsposition abgewartet hatte und daß nur so sein Werk wie das aller anderer in Deutschland verfemter Verlagsautoren am Leben blieb und ab 1950 in Frankfurt fortgeführt werden konnte. Als ich ihm das erste Exemplar der im Stockholmer Verlag gedruckten *Lotte in Weimar* nach Princeton sandte, schrieb er mir:

»[...] Der Beifall war überall groß, – ich meine: der Beifall der Ihnen gebührt und der der Ausstattung gilt. Es ist ein ungewöhnlich schöner, mit sichtlicher Sorgfalt und Liebe hergestellter Band, darüber gibt es nur eine Stimme, und mein Schwiegersohn Borgese, Medis Gatte, philosophierte bei seinem Anblick gleich über die Widerstandskräfte der Civilisation, die sich darin ausdrückten, daß heutzutage ein deutsches Buch in dieser gepflegten Form herauskommen könne. Er hat wohl recht, aber ich sagte ihm, diese Zähigkeit der Civilisation habe ihren ganz persönlichen Sitz, nämlich in Ihrem Busen. Sie seien nicht umzubringen, und wenn nach Wien und Berlin auch Stockholm auffliege, so würden Sie es in London oder New York oder

Neuseeland ebenso distinguiert weitertreiben und auch meinen nächsten Roman wieder aufs feinste herausbringen.«

Es gab viele gegenseitige Besuche – in Wien, in Stockholm, in Zürich und in den USA in Old Greenwich, Princeton, Santa Monica und in New York – überall liebte er es, einem kleinen Kreis von Freunden aus seinem neuen Werk vorzulesen, und immer war Katia, die Gattin, dabei mit ihrem Humor und ihrer zupackenden, praktischen Intelligenz.

Die Freundschaft mit Carl Zuckmayer war anderer Art. Wir waren gleichaltrig, hatten eine ähnliche Jugend erlebt, er in Mainz, ich in Oberschlesien, und hatten beide am Ersten Weltkrieg in Frankreich teilgenommen.

Erst in der Mitte der zwanziger Jahre lernten wir uns kennen, ihn mit seiner Frau Alice, genannt Jobs. Zuck (so wurde er unter Freunden genannt) hatte nach jahrelangen Mißerfolgen 1925 seinen Durchbruch mit *Der fröhliche Weinberg* im Theater am Schiffbauerdamm in Berlin, 1931 kam *Der Hauptmann von Köpenick* mit Werner Krauss am Deutschen Theater in Berlin unter der Regie von Heinz Hilpert auf die Bühne. Seine Stücke fand ich so lebensvoll wie herzerfrischend, und ich sparte nicht mit meiner Bewunderung, die ich über seinen Tod im Jahre 1977 hinaus für ihn habe. Da Zuck Ullstein-Autor war, hatte unsere Beziehung keinerlei berufliche Interessen, unsere Freundschaft gründete auf gegenseitiger Achtung und Sympathie.

Mit der Machtergreifung Hitlers endete die Selbständigkeit von Ullstein. Zuck konnte dort nicht bleiben. Ich bot ihm die Hand und übernahm von Ullstein die bereits ausgedruckten Bogen seiner Novelle *Eine Liebesgeschichte*, die ich 1934 mit 21 Zeichnungen von Hans Meid bei S. Fischer herausbrachte. Zuck, mein Freund, war nun durch Hitler Fischer-Autor geworden.

In enger freundschaftlicher Verbindung überstanden wir, jeder auf seine Weise, die schweren Jahre des Exils – er zunächst in Hollywood, wo er sich als scriptwriter durchzubringen suchte. Bald widerte ihn der ganze Betrieb so an, daß er einer Einladung Dorothy Thompsons, der bedeutenden Publizistin, nach Vermont folgte.

Im Sommer 1941 sah Zuck bei einer seiner langen Wanderungen durch die »grünen Berge« ein einsames altes Farmhaus, dessen Rasen ein alter Mann mit seiner Sense mähte. Es war der Besitzer, der in dem nahe gelegenen Ort Woodstock ein Eisenwarengeschäft betrieb und Zuck einen Mietvertrag für zwei Jahre bei einer Monatsmiete von $ 50 anbot, wobei er sich auch noch verpflichtete, die notwendigen Installationen und Reparaturen zu übernehmen.

In schwerer körperlicher Arbeit bewirtschaftete Zuck, unterstützt von Jobs, diese Farm, die er bald liebte wie früher die ›Wiesmühl‹, sein Haus in Henndorf bei Salzburg. Sie lebten von dem Ertrag ihrer Geflügelzucht und vom Verkauf der Milch ihrer Ziegen, die er zweimal täglich melken mußte, und von meinen bescheidenen Vorschüssen auf seine künftigen Werke. Wir haben sie oft dort oben in ihren Bergen besucht. Inmitten ihrer Hühner, Gänse und Enten humpelte auf drei Beinen eine Hirschkuh, die Zuck mit einer schweren Verletzung des linken Vorderbeins am Boden liegend gefunden hatte. Er trug das schwere Tier auf den Schultern in die Farm, schlug mit einer Axt den schon brandig gewordenen Teil des Unterschenkels ab und verband die Wunde. Das Tier erholte sich bald und gehörte zum Hausstand wie die beiden Wolfshunde, seine ständigen Begleiter.

Im Dezember 1941 erfuhr Zuck vom Tod seines alten

Carl Zuckmayer, 30er Jahre

Freundes Ernst Udet, Generalluftzeugmeister unter Hitler. Wie in Trance schrieb er abends zwischen sechs und neun und vollendete den ersten Akt und den Entwurf des letzten Akts von *Des Teufels General*. Für den Mittelakt und die Vollendung des Ganzen brauchte er mehr als zwei Jahre. Als der Krieg zu Ende ging, war das Werk, das viele Jahre lang die Gemüter in Deutschland erschütterte, *Des Teufels General*, fertig. Zucks Verwandlung vom erfolgreichen Dramatiker zum Farmer in den grünen Bergen und seine Rückverwandlung zum erfolgreichen Dramatiker ist ein großartiger Beweis der Zähigkeit und des unerschöpflichen Reichtums seiner Natur.

Meine Freundschaft mit Fritz Landshoff begann erst mit meiner Niederlassung in Stockholm 1938. Obwohl er ein entfernter Verwandter meiner Frau war – ihre Mutter war eine geborene Landshoff –, hatten wir uns in Berlin nie getroffen. Nach einer kurzen Ausbildungszeit als Hersteller im E. A. Seemann Verlag in Leipzig wurde Landshoff Teilhaber und Mitdirektor des Kiepenheuer Verlags in Potsdam, verließ aber Deutschland schon im Mai 1933, da er selbst und alle seine Autoren wegen ihrer liberalen Gesinnung bei den Nazis verhaßt waren und sich deshalb in unmittelbarer Gefahr befanden, und begründete in Amsterdam auf Einladung von Emanuel Querido, dem Inhaber des großen dortigen Hauses, den ersten deutschsprachigen Exilverlag unter dem Namen Querido Verlag N. V.

Einer der Wesenszüge von Landshoff war seine Schweigsamkeit, in der er der engen Verbindung zu Tutti und mir keinen Ausdruck zu verleihen vermochte. Seine Verschlossenheit verdeckte seine fast zärtliche Zuneigung zu Tutti und seine treue Anhänglichkeit an mich.

Fritz Helmut Landshoff, 40er Jahre
Fotografie von Fred Stein, New York

Gemeinsame verlegerische Interessen kamen in der losen Zusammenarbeit des Stockholmer Verlags mit dem Querido Verlag in Amsterdam zum Ausdruck: wir hatten eine gemeinsame Vertriebsorganisation und brachten zusammen die Buchreihe *Forum* heraus. Später, nach dem Ende des Kriegs, führte unsere Verbindung zu einer Vereinigung der beiden Firmen unter dem Namen Bermann-Fischer / Querido Verlag Amsterdam. Schon 1940, nach der Besetzung Hollands und der Beschlagnahme des Querido Verlags durch die Nazis, hatte ich dessen Autoren als Landshoffs Treuhänder unter meinen Schutz genommen.

So bestand zwischen uns bei aller ständigen und gelegentlich verwirrenden verlegerischen Zusammenarbeit eine herzliche Kameradschaft. Landshoff gelang es, 1940 nach den USA zu fliehen; dort begründete er 1941 mit mir den amerikanischen Verlag L. B. Fischer Publishing Corporation in New York. Nach seinem Ausscheiden aus unserem gemeinsamen Verlag wurde er Mitarbeiter und später leitender Direktor des New Yorker Kunstverlags Harry N. Abrams mit einer europäischen Niederlassung in Amsterdam. Während wir uns ganz nach Camaiore zurückzogen, führte Landshoff seine Arbeit für Abrams fort, verbrachte aber viele Ferienmonate teils in Amsterdam, teils in Camaiore, wo wir ihm in unserer unmittelbaren Nähe ein Haus besorgt hatten. Dabei erfreuten wir uns unserer schweigsamen, in gemeinsam erlittenen Erfahrungen gehärteten Freundschaft.

Hinter seiner scheuen Zurückhaltung verbargen sich hohe Intelligenz und ein treffender Witz. Als wir erfuhren, daß ein Manuskript über die Untergrundbewegungen in den USA von links und rechts, das wir auf den Rat unseres amerikanischen Lektors abgelehnt hatten, in einem Bostoner Verlag unter dem Titel *Under cover* gewaltige Verkaufszahlen erreichte, suchte ich Landshoff zu trösten: sicher hätten die mit ihren Machenschaften überführten Radikalen unser Verlagsbüro, eine Emigrantenfirma, gestürmt. Er brummte: »Für das viele Geld hätten wir uns zwei Kanonen kaufen können.«

Er starb am 30. März 1988 in Amsterdam – wieder einer jener unersetzlichen Verluste, wie sie ein so langes Leben wie das meine schwer belasten.

GBF in seinem Bildhaueratelier, 1985
(Foto: J. H. Darchinger, Bonn)

Tuttis Tod

Tuttis schmerzhaftes arthritisches Leiden in ihren letzten zwei Jahren, das ihr durch die freundschaftliche Hilfe unseres Arztes und durch meine eigenen medizinischen Kenntnisse ein wenig gemildert wurde, nahm ihr nicht die Lebensfreude und ihre wache Anteilnahme an allem, was um uns und in der Welt der Literatur und Kunst geschah. Niemals hörte ich sie klagen. Bis zu ihrem letzten Tag saß sie am Abend neben mir und hörte zu, wenn ich vorlas, oder sie las selbst noch in ihrem geliebten Hölderlin.

In der Nacht vom 28. Mai im Jahre 1991 starb sie ganz plötzlich ohne Schmerzen in meinen Armen und ließ mich in Einsamkeit zurück.

Epilog

In diesen hier beschriebenen nahezu 97 Jahren erlebte ich
eine ruhige Jugend in einem Deutschland von hoher kultureller Entwicklung, das die nationalistischen Umtriebe einer
unfähigen, kurzsichtigen, machtgierigen Clique in Schach
hielt. Ich erlebte, wie dieser gefährliche Nationalismus den
Ersten Weltkrieg unvermeidlich machte, ich erlebte die bit-
teren Jahre eines um den Wiederaufbau seiner zerstörten
Wirtschaft kämpfenden Deutschlands mit Millionen von Arbeitslosen, und mich entsetzte eine immer stärker anwach-
sende Hetze, die die Notlage der Bevölkerung für ihre Pro-
pagandafeldzüge gegen die angeblich an allem schuldigen
Regierungen und gegen die Juden ausnützte und schließlich
zur Herrschaft des Nationalsozialismus und in den Zweiten
Weltkrieg führte.

Mein Leben, das der Wissenschaft und der Literatur ge-
widmet war, erfüllt von der Liebe zu meiner Frau und den
drei Töchtern, geriet in tödliche Gefahr: Wir verloren die
Heimat, flohen von einem Land ins andere, bis wir, trotz der
Stürme des die Welt erschütternden Krieges, in den USA
eine gefährdete Ruhe fanden. Als der Wiederaufbau des
S. Fischer Verlags seit 1950 gelungen war, durfte ich mich mit
meiner geliebten Frau, die mir mit ihrer Klugheit, ihrem
Weitblick und ihrer Herzensgüte in schwerer Zeit zur Seite
gestanden hatte, in unser Haus in der Toskana zurückziehen
– Zuschauer einer sich verwandelnden Welt, einer Welt des
moralischen Verfalls, der Mordtaten, des Hungers und der
Arbeitslosigkeit und der Unfähigkeit der Regierenden, der

Katastrophen Herr zu werden. Auch die gewaltigen Fort-
schritte auf den Gebieten der Technik, der Medizin, der Physik und der Chemie haben diese Welt nicht ändern können.
Sie wurde zu einer Welt der ›Macher‹, am Abgrund der
Selbstzerstörung dahintaumelnd unter rücksichtsloser Aus-
nützung der Schätze der Erde.

Nun gilt es Abschied zu nehmen von einem – alles in allem
– glückreichen, fast ein Jahrhundert umspannenden Leben.
Werden dessen noch verbleibende Jahre sehen lassen, daß
sich die aus den Fugen geratene Welt zu einer friedvollen
Einheit zusammenfügt?

»Hope springs eternal in the human breast«, heißt es bei
Alexander Pope: »Hoffnung sprießt ewig in des Menschen
Brust.«

Danksagungen

Ich danke

Frau *Monika Schoeller*, die dieses Buch in ihre verlegerische
   Obhut genommen hat,
Frau Professor *Ilse Staff* für ihre Kritik an dem ersten Ent-
   wurf des Manuskripts,
Herrn *Wolfgang Mertz* für sein kritisches und anregendes
   Lektorat,
Frau *Jutta Petersen* für ihre sorgfältigen Korrekturen,
Frau *Christine Baumgarten* für ihren freundschaftlichen
   Zuspruch, wenn mein Mut mich verließ,
und allen Mitarbeitern, die an der Herstellung und Aus-
stattung dieses Buches mitwirkten.

Personenregister

Kursiv gesetzte Seitenzahlen verweisen
auf eine Abbildung

Gottfried Bermann Fischer
Bedroht – Bewahrt
Weg eines Verlegers

428 Seiten, mit zahlreichen Brief-Faksimiles, Leinen
[auch als Fischer Taschenbuch Bd. 1169 lieferbar; 351 Seiten]

Ich habe in diesem Buch versucht, die Erfahrungen meines Lebens, so gut wie ich es kann, der Wahrheit gemäß darzustellen. Mein Leben stand unter gefährlicher Bedrohung, aus der zu entkommen mir immer wieder gelang. Ein guter Stern schien über mir zu walten und leitete mich durch Gefahr und Verfolgung zu Glück und Erfolg.

Begegnungen und Freundschaften mit vielen großen Autoren, von Franz Werfel, Thomas Mann, Thornton Wilder, Sigmund Freud, Stefan Zweig, Boris Pasternak bis zu den Jüngsten von heute, erhöhten mein Leben.

Dies alles aufzuschreiben und somit vielen zugänglich zu machen, schien mir nicht ohne Wert, um damit am Beispiel meines eigenen Schicksals Geschehnisse einer vergangenen Epoche vor der Vergessenheit zu bewahren. Dieses Buch ist aber auch die Geschichte des S. Fischer Verlages von meinem Eintritt im Jahre 1925 an, durch die erregenden zwanziger Jahre bis zur Machtergreifung, durch Verfolgung und Emigration hindurch bis zur Rückkehr des Verlages und zu seinem Wiederaufbau nach dem Zweiten Weltkrieg.

(Gottfried Bermann Fischer)

S. Fischer Verlag

Samuel Fischer Hedwig Fischer
Briefwechsel mit Autoren

Herausgegeben von Dirk Rodewald und Corinna Fiedler
Mit einer Einführung von Bernhard Zeller
1201 Seiten, Leinen in Schuber

Für viele deutsche und ausländische Schriftsteller war S. Fischer (geboren 1859) schon bald nach der Gründung seines Unternehmens im Jahr 1886 einer der gesuchtesten Verleger in Deutschland. Seine in diesem Band gesammelten Korrespondenzen mit 42 Autoren erstrecken sich von 1888 bis zu seinem Tod 1934. In ihrem Wechselspiel dokumentieren die Briefe des Verlegers und der Autoren ein wichtiges Stück Literaturgeschichte, sie bezeugen die Art von geschäftlichen, menschlichen, geistigen Beziehungen, wie sie bis zum Beginn der nationalsozialistischen Diktatur möglich war.

Zusammen mit dem präzisen Kommentar bieten die Briefe eine oft unterhaltsame, nicht selten spannende Lektüre, sie zeigen Zusammenhänge, die dem gewohnten Blick auf literarische Werke und ihre Autoren verborgen bleiben.

Aus Verhandlungen über Manuskripte und Verträge, Buchherstellung und Vertrieb, aus dem Umgang mit Erfolg und Mißerfolg entstehen zuweilen vertrauensvoller Austausch und Freundschaft. Die Begegnungen vieler Schriftsteller, Maler, Musiker im gastlichen Haus des Ehepaars Fischer finden ihre Reflexe zumal in Hedwig Fischers Anteil an der Korrespondenz, der über S. Fischers Tod hinaus bis in die Emigrationszeit reicht.

S. Fischer Verlag

Gottfried Bermann Fischer
Brigitte Bermann Fischer
Briefwechsel mit Autoren

Herausgegeben von Reiner Stach
unter redaktioneller Mitarbeit von Karin Schlapp
Mit einer Einführung von Bernhard Zeller
846 Seiten, Leinen in Schuber

Für die Autoren war die Zeit des Nationalsozialismus eine Zeit der Entwurzelung und des Kampfes – um den Fortbestand des eigenen Werks, bei manchem um die bloße Existenz. Die in diesem Band ausgewählten 26 Briefwechsel bieten dafür dramatische Beispiele, sie spiegeln die verworrenen Schicksale der Autoren während Nazizeit und Exil, ihre Illusionen und Hoffnungen, ihre individuellen Reaktionen, die von der Anspannung aller Kräfte (Thomas Mann) bis zur letzten Verzweiflung (Stefan Zweig) reichten. Unter solchen Umständen das Lebenswerk S. Fischers fortführen zu wollen, erschien vielen als aussichtslos.

Die Briefe belegen auch, daß diese katastrophale Epoche mit der Rückkehr der Autoren und des Verlags keinesfalls beschlossen war. Bis weit in die sechziger Jahre hatte sich der Verleger mit den Folgen auseinanderzusetzen: die Ungeduld von Autoren, die verlorene Jahre aufholen wollten (Torberg), der harte Realismus der Jüngeren, die vom Krieg geprägt waren (Andersch), schließlich die Verwundbarkeit der Opfer, die – das zeigen eindrucksvoll die hier erstmals gedruckten Briefe Celans – eine bloß geschäftliche Beziehung zwischen Verleger und Autor von vornherein ausschloß.

S. Fischer Verlag

Thomas Mann
Briefwechsel mit seinem Verleger
Gottfried Bermann Fischer
1932–1955

Herausgegeben von Peter de Mendelssohn
891 Seiten, Leinen

Diese Korrespondenz hat vielfache Bedeutung, ist mehr als nur ein wichtiger Beitrag zur Lebens- und Werkgeschichte Thomas Manns, mehr als die Dokumentation der Beziehungen zwischen einem großen Autor und seinem Verleger. Sie erhellt Zustände und Situationen des deutschen Exils in den Jahren der nationalsozialistischen Herrschaft und danach: die physische Gefahr, die materiellen Probleme, die geistige und moralische Bedrängnis, das Abenteuer, in der Fremde deutschsprachige Bücher herauszubringen. Die meisten Briefe erfüllt Unruhe. Es sind Briefe der Wanderung.

Der oft erregte, oft erregende Briefwechsel handelt von den Schicksalen der Bücher – und derer, die sie machten. Er verhehlt nicht Irritationen, Meinungsverschiedenheiten, Krisen; immer aber löst sich die Spannung in Vertrauen und Freundschaft.

S. Fischer Verlag

Brigitte Bermann Fischer
Sie schrieben mir oder
Was aus meinem Tagebuch wurde
dtv Bd. 1685 sowie dtv-großdruck Bd. 25026

Nicht etwa nur wegen der Briefe von Autoren wie Gerhart Hauptmann, Arthur Schnitzler, Rainer Maria Rilke, Hermann Hesse und
Thomas Mann sind die Erinnerungen dieser mutigen Verlegerin
eine spannende Lektüre. »Dieses Leben stand im Zeichen unent-
wegter freiwilliger oder erzwungener Wanderschaft... Jenseits
aller Briefe, abgebildeter Autographen und Photos ist dieses Buch
das Dokument eines tapferen Lebens.« (Süddeutsche Zeitung)

Deutscher Taschenbuch Verlag